金师起点·新演说书系

引爆演说

缔造完美演讲力

陈志松 著

中国财富出版社

图书在版编目（CIP）数据

引爆演说：缔造完美演讲力 / 陈志松著．—北京：中国财富出版社，2017.4
（金师起点·新演说书系）
ISBN 978－7－5047－6449－2

Ⅰ.①引…　Ⅱ.①陈…　Ⅲ.①演讲—语言艺术—通俗读物　Ⅳ.①H019－49

中国版本图书馆CIP数据核字（2017）第081440号

策划编辑　宋　宇　　责任编辑　王　波　李晓奇
责任印制　何崇杭　石　雷　　责任校对　孙会香　张营营　　责任发行　张红燕

出版发行　中国财富出版社
社　　址　北京市丰台区南四环西路188号5区20楼　　邮政编码　100070
电　　话　010－52227588转2048/2028（发行部）　010－52227588转307（总编室）
　　　　　010－68589540（读者服务部）　010－52227588转305（质检部）
网　　址　http://www.cfpress.com.cn
经　　销　新华书店
印　　刷　北京京都六环印刷厂
书　　号　ISBN 978－7－5047－6449－2/H·0149
开　　本　710mm×1000mm　1/16　　版　　次　2017年6月第1版
印　　张　14.5　　印　　次　2017年6月第1次印刷
字　　数　208千字　　定　　价　45.00元

序　言

当今社会科技日新月异、竞争日益激烈，作为新时代的人们，要想在学习和工作中有所成就，就必须对自己提出更高的要求，不断强化自我、修炼自我。我们在与人交往中，一个很重要的手段便是口语交际能力，即流利的口才；我们在与公众媒体打交道的时候，一个很重要的过程就是需要进行演说。口才和演说既是一个人自身能力的重要体现，同时也是一个人能力的外在表现形式，二者缺一不可，相辅相成。如何拥有一副流利的口才，如何提高自己的公众演说能力，在现代人际交往中显得尤为重要。

演说的重要性，古人早已知晓，并且甚为重视。早在我国春秋战国时期，演说风气已非常盛行，如孔子周游列国时始终不忘宣传儒家以德治国的政治理念；孟子继承孔子学说，积极在各诸侯国中宣传“行仁政”和“民贵君轻”的儒家思想；苏秦和张仪的合纵连横之策更是在战国七雄中发挥着重要作用；等等。这些能言善辩之士，实际上就是一些很了不起的演说家。他们那一篇篇流传于世的文章，便是这些演说家的演说辞或交辩辞。在古希腊和古罗马时期，更是涌现了很多能言善辩之士，如苏格拉底、柏拉图、亚里士多德、梭伦等。我国古代文学评论家刘勰认为：“一人之辩，重于九鼎之宝，三寸之舌，强于百万之师。”法兰西第一帝国的缔造者拿破仑说过："一条舌头，能抵三千毛瑟枪。"由此可见，演说对于一个人、一个企业、一个国家来说有多么重要。

然而，并不是每个人都是演说的高手，你是否有过这样的困惑：

私下聊天滔滔不绝，但一上台大脑一片空白；

工作中干得多，说得少，结果会干的不如会说的；

汇报工作、向客户演示时不能很好地组织语言；

上台后不知先说什么，后说什么，把自己都搞乱了；

想提高口才，也曾看过书、听过课，可效果不大；

虽然敢说，但听众反馈效果不好；

陷入了不敢说，不去说，不会说的郁闷中。

美国著名的演说理论家、成人教育家戴尔·卡耐基有一句话是这样说的："一个人的成功大约有15%取决于知识和技能，85%取决于有效沟通——发表自己意见的能力和激发他人热忱的能力。"这里所提到的"85%"的能力，其实就是指语言表达的能力，简单的说就是口才。

口才是人们生活中不容忽视的关键。虽然那些一说话就滔滔不绝、满嘴跑火车的人并不怎么受人们欢迎，但毫无疑问，只要人们之间有交往，口才的重要性就不容忽视。这从人们生活中的一件小事就可以看出：即便是最亲近的人之间，有时候也会因为一句话说得不到位而引起轩然大波。至于朋友之间、同事之间，甚至是初次见面的陌生人之间，因为一句话说得不到位而引起误会甚至矛盾的例子，更是比比皆是。

口才好的人，朋友往往就多；朋友多的人，做事就容易成功。所以我们会发现，现实生活中的成功者，一般都有一副好口才。当然，好口才并不一定就是口吐莲花，只要能够把一件复杂烦琐的事情用最简单清晰的话说出来，让对方一听就懂，一听就感兴趣，这就是好口才。

对于那些想要获得成功的人来说，尤其需要重视口才的作用。因为无论你做什么，要想成功就必须与人打交道，哪怕你是闷头搞研发的技术人员，甚至是纯粹的科研人员，最终在解说或者推广你的研发成果的时候，仍免不了要与人打交道。

对创业者来说，口才的重要性更是不言而喻。“三寸不烂之舌，长于百万之师。”在创业的过程中，如何说服投资方给你投资，如何说服员工卖力工作，如何在第一次见客户时就给对方留下深刻的印象，如何说服客户和你合作，这当中口才都发挥着极其重要的作用。

甚至在某种程度上可以这么说，在现在这个时代，“口才”就是“钱财”。

陈志松

2017 年 4 月 10 日

目　录

第一章
为什么每个人都得学公众演说

“冰冻三尺，非一日之寒。”出色的演说，是经过长期的积累和系统的训练才形成的。如果把演说比作一朵奇葩，那么，一个人的知识、能力、思想、品德和毅力就是它扎根的沃土。

崇高的思想、渊博的知识、远见的卓识以及一定的记忆能力、较强的应变能力、持之以恒的毅力，这些就如高楼大厦之地基，需要我们不断地学习、积累，为演说的成长打下坚实的基础。

第一节　如何给“公众演说”下定义

无论你将来是要成为一名政治精英，一家公司的总裁，还是任何一个组织的领导者，拥有超强的公众演说能力，在最短的时间影响到最多的人，是你成功立足现代社会，快速超越他人，获取成功的必备技能！

1. 名人口中的公众演说

中国近代女革命家秋瑾曾经说：“要想改变人的思想和观念，非演讲不可。”中国古文化《周易·系辞上》云：“鼓天下之动者，存乎辞。”也就是说推动社会进步和国家前进都需要依靠演说的力量。

诸葛亮舌战群儒，靠的也是演说的力量！美国总统尼克松曾经说：“如果重进大学，我会首先学好演说和说服这两门课！”

口才魔法师张海翔认为：演说就是一项个人技能，是可以通过训练来提升的；演说是传递信息的一种方式，是可以被设计的；演说是一种营销，要么销售观念、思想，要么销售一种产品。

对于演说，各界人士的说法基本上是统一的。不一样的地方在于大家是通过不同角度来看待同一个问题的。虽然角度不同，但我们可以感受到，他们都是以一种积极的心态来看待这种技能的。

2. 什么是公众演说

学习公众演说的理由有很多：主持会议需要演说；商务谈判需要演说；接受采访需要演说；管理员工需要演说；凝聚人心需要演说；化解矛盾需要演说；宣传动员需要演说；改革创新需要演说……

那究竟什么是公众演说？公众演说，就是一个人站出来面对一群人，通过说些话让听众接受他、愿意听他讲话，明白和相信他所说的，并且愿意对他说出心里话，最终接受他的引导而产生某些行动。但是，真正要做到谈话潇洒自如，并且让听众感觉如沐春风，或者澎湃激昂，觉得非常受感染，这就不简单了。

这是一个展现魅力的时代！公众演说非常能显示一个人的魅力。演说是一门语言艺术，它的主要形式是“讲”，即运用有声语言并追求言辞的表现力和声音的感染力；同时还要辅之以“演”，即运用面部表情、手势动作、身体姿态乃至一切可以理解的态势语言，使讲话“艺术化”起来，从而产生一种特殊的艺术魅力。

随着社会的发展，演说被越来越多的人认可和接受，并被广泛应用于各个领域，从而产生了深远的影响。

3. 演说失败的原因

据说曾经有观众“夸”某演说者说：“你的演说太‘感’人了，不过，不是感动了别人，而是‘赶’跑了别人。”为什么有些人的公众演说就没有杀伤力呢？原因归纳为以下几种情况。

（1）心理方面

一种情况是演说者自己心理素质太差，一站起来说话就两腿哆嗦，紧张得不得了，不但言不由衷，甚至丑态百出。曾经有位领导，在公众面前即兴讲话，由于太怯场，大脑一时短路，竟然如此“谦虚”地说：“大家好！本人文化水平不高，口才不好，说话有时像羊拉屎，可能不符合大家的口味，希望大家多多原谅。”

另一种情况是演说者没有把握好听众的心理，他不是说听众想听的话，而是说自己想说的话。比如过分吹嘘自己，吹嘘当年他是如何如何的厉害；或者自以为是，以命令和指责的口气说话。在整个演说中，他对听众的呼声充耳不闻，对听众的反应视而不见，只管讲他自己的。结果，台上的人“喜气洋洋”，台下的人“怒气冲冲”，整个场面“死气沉沉”。

（2）语音语调方面

语音语调方面又有什么问题呢？例如：语调过于平直，没有抑扬顿挫，激发不起听众的兴趣；语速没有快慢，听众也不会怦然心跳；声音偏小，演说缺少震撼力和穿透力，这也难怪有名家说，演说缺少了激情和抒情，再好的内容都是花瓶；更有甚者，在演说中还带大量的口头禅“这个嘛”“哪个啊”，让听众非常厌烦。

另外，也有演说者由于紧张，说话老是卡壳，听众都替他难受；也有演说者把普通话说成“不通话”，让听众练听力；等等。

（3）态势语言方面

态势语言包括穿着、身姿、手势、表情、眼神等。曾有演说者说过，个人形象很重要——头可断，发型不能乱；血可流，皮鞋要擦油。

诚然，穿着打扮固然重要，但是，手势和表情更加重要。一个演说者在台上，如果面无表情、动作呆板、手臂僵硬的话，那就失去“演”的意义了。所以要达到台上振臂一呼，台下云集响应的效果，优雅的态势语言是必不可少的。

（4）思路方面

为什么有些人在台下说得头头是道，在台上刚说几句就说不下去了呢？归根结底这是思路的原因。因为台下是“合唱”，你一句我一句抢着说，无须过多思索；而台上是“独唱”，需要引言来打开话题，需要纵深思维来分析话题，还需要联想思维来升华话题，更需要综合思维来总结话题。

于是不经常上台讲话的人，就容易出现说话时语言不连贯，或总是重复几句话，或条理性很差，或讲得没头没尾等情况。但如果是演说高手，思维非常活跃，则会越讲越起劲，可谓是“口若悬河”“信手拈来”。

（5）材料方面

演讲的内容如果是演说者亲身经历的，或者是演说者的专长，那么，演说起来肯定是得心应手。但演说者倘若去讲刚看到的东西、刚学到的知识，甚至是不熟悉的话题，那演说效果就会大打折扣。

所以说，初学演说的人，要先从熟悉的话题开始。当然，那些顶级演说家，都是读了万卷书，行了万里路，不断拓展自己的视野，不断学习新知识，以充实自己的“演说材料库”的。

（6）语言修辞方面

如果演说者在利用材料的时候，不仅能够准确、简练地阐述出来，同时还能做到幽默风趣，富有哲理性和思辨性，那他的演说就肯定相当精彩了。

4. 公众演说的学习策略

公众演说对于每一个人都非常重要，那我们能不能在短时间内快速提升这一技能呢？也就是说针对自己的实际情况，来进行科学高效的训练。

我认为，学习公众演说的策略应遵循一个原则，两大模块，三个步骤，四种方法。

（1）一个原则：坚持

这个道理我相信大家都懂，因为做任何事情都是如此，成功的起点叫相信，成功的终点叫坚持。俗话不是经常说“台上三分钟，台下十年功”吗？这句俗话就是“坚持原则”的最好证明。

（2）两大模块：心理素质、演说内容

心理素质训练要经过三关：

第一关是要敢说。也就是说，公众演说的时候，你必须落落大方地站在公众的面前，在大家火辣辣的眼睛的“关怀”下，鼓起勇气，说出你心中想说的话。为什么有些人在台下时，可以心平气和地跟别人聊天，甚至眉飞色舞地跟别人交谈，而在台上却胆小如鼠了呢？归根结底，这都是心理素质的问题。其实，想突破恐惧关，不是很难。只要深刻理解恐惧形成的原因，并为之付诸行动，经过十来次上台演练后，你就敢说了。在这一关，你必须不断鼓励自己。

第二关是自信地说。也就是说，这个时候，你站在大家面前，已经不再紧张了。但这时的你，也许还有某些顾虑，只能说几句话，不能说很多，并且说起来有卡壳、啰唆、逻辑很混乱的现象。不过，这些你先不要管，你要“目中无人”地说出你的观点，不管怎样，也要把心中想说的话毫无保留地说出来。

在这一关，你必须不断表现自己，培养自己的表现欲。因为演说不但能培养你的公众表达能力，更重要的是培养你的自信心，挖掘你的潜能。

第三关是有分享欲地说。也就是说，你必须拿出自己最好的东西来跟大家分享。例如，有一位摩托罗拉的中国大区经理，在给新业务员做演说时，他的开场白是这样的："各位伙伴：大家下午好！八年前，我跟在座的各位一样，也是从一名普通的业务员开始我的职业生涯的，经过几年的锻炼，现在我已是一名年薪100万的大区经理。今天，我跟大家分享的话题就是：如何从一名新业务员成为一名成功的大区经理。希望我今天的演说能起到抛砖引玉的作用，也相信在座的各位，八年后比我更加优秀。"

在这一关，你必须懂得：一场成功的演说，除了演说者良好的心理素质、超常的表现欲之外，还必须懂得听众的心理。听众究竟想听什么很重要，你自己想说什么并不重要。

就像前文所提到的那位摩托罗拉的大区经理，从他的开场白就可以看出，这个中国大区经理已经很懂得听众的心理了，就算你是现场的听众，也不会反感他"炫耀"自己的辉煌经历，因为他是以听众为中心的，他最精彩的一句话是祝福在座的听众八年后比他更加优秀，没有听众会拒绝这样的祝福。

另外，在这一关，你还必须明白，演说的最高境界是"点燃自己，引爆别人"。在演说过程中，听众是冷却的冰，演说者是烧红的铁，不是铁让冰沸腾，就是冰让铁冷却。所以，演说者不但要给予听众，更重要的是要感染听众。

演说内容训练也要经过三关：首先从熟悉的事物开始，比如自己的专业知识、生活体会和工作经验等；其次是大家关心、喜欢讨论的话题，比如社会焦点、热点话题等；最后是自己不太专业的领域，需要备课才能胜任的话题，比如价值观、信仰、自由、民主、科学、革命等话题。

（3）三个步骤：背稿、半脱稿、全脱稿

学习演说最好是从背稿开始，特别是初学者尤甚。因为先将一篇演说稿背得滚瓜烂熟后，再上台去“复述”，这样就会减轻演说者的紧张感。我曾经看到很多演说者上台后，由于演说内容还没背熟，加上心理紧张，导致演说失败，最终草草收场。

所以在演说前，对于要演说的内容要做好充分的准备。假如没有经过精心酝酿，到了临场才现编词，效果就可想而知了。曾经有这么一个小故事：古时候，有一位秀才三次到省城赶考，都没考中举人。他的老婆对此非常不解，责怪他说：“难道你们男人写文章比我们女人生孩子还要难吗?真是的。”

这位秀才叹了口气回答道：“老婆啊，你根本不知道，你们女人能够生孩子，是因为你们肚子里有货！而我呢，肚子里没货。所以，还没考上。”这段轶事间接地告诉我们，演说内容对演说者来说，太重要了。

背稿子这种方法尽管可靠，但是不可能运用于所有的演说中，有时候，我们还会碰到即兴演说。所以，我们的演说学习又进入第二个环节——半脱稿。

所谓的半脱稿，就是演说稿已经事先写好了，但这次不用再死记硬背，只要记住其中重要的内容、大纲的顺序、具体的数字就行了。上台后，凭着自己的记忆，现场发挥。

值得一提的是，在这个阶段，尽管自己肚子里已经有“货”了，但有时还会出现茶壶里煮饺子——倒不出来的现象，比如，思维短路、卡壳，暂时大脑一片空白等。不过，训练一段时间后，这种情况就会逐渐减少了。

演说学习的最后一个环节是全脱稿。所谓的全脱稿就是在演说前，演说者根本不做任何准备或者没有做充分的准备，只是根据自己对演说主题的理解，结合自己的演说经验，就上台演说了。

全脱稿是演说的最高境界。曾经有某演说大师这么说过：“演说还需要写稿，那还不算好。”可见全脱稿演说，在演说家心目中的分量。当然，全脱稿演说，是多年训练的结果。曾经有初学演说者向某演说大师请教：

您在演说中，思维很活跃，可以说是“条条大路通罗马”，您是怎么做到的呢？大师回答：因为“罗马不是一天建成的”。

（4）四种方法：看书、看碟、听讲座、参加演说特训班

首先是看书。学习公众演说的四种方法中，看书是最常用的方法。它的优点是知识点系统、费用低、不受时间的限制，等等。但是它的缺点也非常突出，就像语音语调、态势语言，很难通过文字这种方式描述出来，并且这种方法对于都不敢上台的初学者来说，效果很不理想。

为什么这么说呢？因为演说本身就是一种能力，一种经过长期的实践才能获得的能力。而看书，所获得的仅仅是知识，知识还需要实践才能转化为能力。这个道理跟学习游泳一样，对于一个从没下过水的人来说，你给他讲太多的理论，像什么浮力、体重、体积等，基本上都是废话，只要让他亲自跳进水里，扑腾几下，呛几口水，自然而然就会游泳了。

所以，对于初学者来说，要想提高演说技能，第一是实践，第二是实践，第三还是实践。当然，对于已经有一定基础的演说者来说，看书这种方法还是最佳的选择。

其次是看碟。这种方法的优点是非常直观，能观看到演说者的风采，能感受到演说者的感染力，成本也比较低。但是它也有一些不足之处，比如观看者体会不到现场互动的那种气氛，学习情绪不高；相比书本，它的知识结构系统性不强；另外，观看者是被动接受，没有思想上的碰撞，吸收不全面。当然，对于有一定演说基础者来说，这也是一种非常好的学习方法。

再次是听讲座。这种方法的优点是更加直观，能现场体验到授课者的舞台魅力，有时候，优秀的讲师还会非常煽情，通过调动整个培训气氛，让现场听众兴奋不已，有股立马想有一番作为的冲动。

但是，这类讲座多半还是靠气氛取胜的，听众现场听得非常激动，回家后就不动了。所以，作为现场几百位听众之一的你，上台演练的机会并不多。没有足够的时间去实战，学习效果还是欠佳。当然，相比前面两种学习方法，它可以说是最好的选择，尽管学习费用相对较高。

最后一种方法是参加演说特训班。这种方法的不足之处是：费用高，还受到时间和空间的限制，对于职场人士来说，不一定都能抽出这么多的时间来训练。但是这种方法，它的训练是最系统的，效果也是最明显的。它分为三部分：课前预热训练，让学员有上台的冲动；课中导师以示范为主，学生认真观摩，然后再模仿，如果学员有不足之处，导师现场纠正；课后学员还有训练任务，以便巩固当天的学习效果。另外，这种特训班是小班制，总人数为 12 ~ 15 人，每人都有足够的上台锻炼时间。

第二节　演说能力强的标志

很多人私下交流是不成问题的，碰到公开演说才会显得力不从心。公众演说其实是一种口才技能。那么，演说能力强的标志有哪些呢？我认为应该从以下几点评估。

1. 演说能力强的标志之一：有胆有识

什么叫有胆？就是讲话时沉着自信，镇定自若，不慌不忙。什么叫有识？就是讲话内容要有见识、要深刻、要新颖。

“有胆有识”这四个字有两层含义。

一是有胆、有识，两者缺一不可。讲话“无胆”，就像不会踢临门一脚，内容再精彩，思想再深刻，准备得再充分，也会临场紧张，脑子空白，上台就砸锅；讲话“无识”，就是没有思想，味同嚼蜡，听众听起来没有收获。

二是胆与识的前后顺序不能颠倒。“有胆有识”这四个字并非随意排列，而是有内在的逻辑关系。“胆”排在前，“识”排在后，说明“有胆”是“有识”的基础，是前提。讲话的人有了胆，才能够思维清晰，把精心准备的内容很好地表达出来，甚至超水平地发挥出来。

在演说过程中，要想做到有胆有识，需要言之有心，就是你得用心去演说，演说时你不但要很自信，而且还要从听众的角度出发。具体表现为以下几点。

①在公众面前，能从容不迫、畅所欲言。

②演说时，能完整地将自己的观点表述出来，没有忘词的现象。

③面对陌生客户、异性朋友、上级领导、权威人士，讲话时不受到影响。

④演说时，碰到刁难者，有抗干扰能力，能控制住整个场面。

⑤知道听众想听什么样的话，不说引起听众不高兴的话。

⑥能及时观察到听众的表情变化，并为之调整自己的演说内容。

2. 演说能力强的标志之二：声情并茂

声情并茂，一个是声，另一个是情。

（1）“声情并茂”中的“声”

先说“声情并茂”中的“声”，就是要做到言之有势，演说时有声势、有气势。具体表现为以下几点。

①声音：讲话时，声音洪亮，有共鸣感、有穿透力、有震撼力。

②语速：节奏合理，富有变化，演说时，每分钟的讲话字数为100～300，并且控制自如。

③语流：演说时几乎没有或者很少有卡壳现象。

④语调：演说过程中，能恰当运用重音、停顿、抑扬、拖腔、颤音等常用语调。抒情时，能引起听众动容；激情时，能使听众兴奋。并能长时间得到听众的关注，随时引发现场高潮。

⑤语音：普通话比以前更加标准，吐字更加清晰、圆润。

（2）“声情并茂”中的“情”

情，其实就是讲话的吸引力，讲话者的语言能紧紧地抓住你的耳朵，讲话者的表情手势能紧紧抓住你的眼球；情，其实就是讲话的感染力，能让你哭，让你笑，让你紧张，让你兴奋。

也就是说，演说时要做到言之有情，在整个过程中充满着感情，表情丰富，肢体语言恰到好处，具体表现为以下几点。

①能主动恰当地运用多种目光与台下的观众交流。

②手势等肢体动作自然大方、协调、规范、潇洒、有力。

③能准确运用丰富的面部表情。例如，微笑、兴奋、忧郁、高兴等。

3. 演说能力强的标志之三：好听好记

（1）什么叫好听

从台下观众的现场反应中就能看出来，能让观众竖起耳朵听，不时有笑声，最后响起热烈的掌声，就叫好听。凡是上面开大会，下面开小会，一定是上面讲得不好听；凡是上面声嘶力竭在讲，下面却各看各的书，各做各的事，一定是上面讲得不好听。

金将军是国防大学的战略学教授，是中央电视台《一南军事论坛》的主讲嘉宾。他讲国防战略，高屋建瓴、激情洋溢，在中央党校和国家行政学院上课两个小时，无人走动；在武警总部的讲课中，包括将军在内的900多人几乎无人不落泪；在总参给老干部讲两个半小时，居然没有人起身走动。

由此可以看出，不管你讲什么，听众是什么人，只要你能让听众“鸦雀无声”，讲话结束时“全场报以长时间的热烈掌声”，就一定是好听的讲话。

好听就是言之有物，就是整个演说中，有思想、有内容、有东西，而不是空洞无物，什么实质性的内容都没有。具体表现为以下几点。

①言之有序，即所演说的内容，条理性很好，而不是杂乱无章的。

②言之有文，即演说时语言准确简洁、详略得当、紧扣主题、构思周密、见解深刻、角度独特，听众愿意听，而不是懒婆娘的裹脚布——又长又臭；也不是博士买驴——写完三张纸没出现驴字；更不是八十寿星练琵琶——老生常谈。

③言之有趣，即演说中，用词生动活泼、幽默有趣，让听众过耳不忘，而不是枯燥乏味，如同嚼蜡。

④言之有理，即演说时所表达的观点有根据、有道理、说服性强，而不是歪理邪说，更不是胡说八道。

（2）什么叫好记

好记就是台下的观众不带纸、不带笔，听完就能把要点记在脑海里，下来以后可以帮你口口相传。假如你强迫听众带纸带笔，死记硬背，别人还记不住，那就叫不好记。

为什么你讲的话好记，就是因为言之有用，话说出去后能起到很大的作用。具体表现为以下几点。

①有一定的即兴语言组织能力，无论在任何场合，都能迅速构思，张口就来，并且符合自己的身份和场合的要求。

②面对研讨、竞聘、面试、产品讲解等场合，都能准确表达，并且侃侃而谈，娓娓道来。

③互动性强，控场能力好，能正确引导听众。

第三节　演说者的职业形象

我们都知道，台风（此处指的是舞台风格）对于一个演说者来说，太重要了。一位演说者在台上的表现是否有吸引力、是否挥洒自如、是否有足够的气场，这些都需要借助演说者的台风表现出来。

1. 登台亮相

当自己从椅子起身后，要站直、挺胸、抬头、双眼平视前方。在这里，站直挺胸是走姿潇洒的第一保证，如果这一点都做不到，后面的动作都是白搭。

接着，开始大迈步向前。在这一过程中，身子不能左右摇晃，也不要前后扭腰；并且走路时，速度稍快；双臂前后摆动时，要做到大臂带动小臂。

上台后，转弯时，速度要稍放慢。

当走到舞台中间稍偏右边一点处时，再转身面向观众。这时，要站直，抬头，挺胸，收腹，双肩放松，双腿挺直；双脚成小 V 字形，稍比双肩窄一些；双手上下重叠放在腹部前面。

当自己在台上站好后，先用眼睛左右环扫一下全场，看看现场大概有多少人。注意：环视全场时，头部摆动幅度不要过大，眼珠不要上下左右乱转。

眼睛环扫全场后，再把视线集中到前面几排重要观众身上。注意：定睛看一看前排重要观众时，时间不能太长。

最后，视线回到中间观众身上。这时候，你似看非看地望着观众，要做到眼中无听众，心中有听众，目的让听众觉得讲话者依然在注视着他们。注意：整个过程，时间在 3 秒钟之内。

发言前，先微笑一下，微笑时，可配合头部细微动作，比如，头偏歪一点或者稍微点一下头。

开始发言，内容为：各位老师、同学们：大家下午好！一说完，接着来一个 30 度的鞠躬。

转身下台，走姿动作要求同登台一样。

2. 自我介绍

“自我介绍”现场演练，采用的是正规场合社交式自我介绍模板。现将这个模板介绍如下：

①各位老师、同学们：大家下午好！（称呼语、问候语）

②认识大家很高兴，下面我简单地介绍一下自己。（过渡语）

③我叫×××，××的×，××的×。（名字解释）

④我来自××，……（家乡介绍）

⑤我××年来深圳，已经×年了。我从事的工作是……（工作简介）

⑥我这个人……（性格爱好或其他）

⑦最后，祝大家……谢谢大家！（祝福语、感谢语）

我们都知道，什么东西一旦固定下来了，就会扼杀创新能力，缺乏创新性，从而失去吸引力，自我介绍也不例外。不过，自我介绍对于初学公众演说的人来说，难度可不小，不像刚才的登台亮相那么简单，只是在台上说了一句话而已。

这个正规场合社交式自我介绍涉及好几个方面的内容，想把这些内容连在一起讲出来是需要先后顺序和逻辑结构的。对于一些初学公众演说，而不知道应该从哪些方面说起的人来说，这个模板刚好给他提供了演说的思路，先说什么、后说什么，已经说了什么，还须说什么。

采用这些模板后，演练者就不会出现表达逻辑混乱的现象，也不会出现忘记说一些重要因素的情形，比如，上台做自我介绍时竟然忘记介绍自己的名字。

当然，对于多次上过台的演说者来说，自我介绍就没必要依赖这个模板了。你可以打乱上面所提供的先后顺序，甚至，你还可以把名字这一重要因素放在最后去介绍，也许这样的自我介绍更具悬念感。

第四节　良好的精神状态

公众演说一般简称演说。从广义上来说，只要开口讲话就可以看作演说，因此演说活动存在于生活的方方面面，每时每刻都需要运用大量的演说技巧来说服别人。我们在施展演说技能之前，首先需要一个良好的精神状态。

俗语常说，天有三宝：日、月、星，人有三宝：精、气、神，精神状态的好坏，对人的所有行为都会产生相当大的影响。

当人们相互问好的时候，给对方大声的问好要比轻声问好取得的效果更好，这样更容易让彼此精神振奋，似乎成功的信息就写在脸上，这些信息都能随着语言和表情体现出来，更能激励人们朝着成功的方向迈进，这大概就是“相由心生”的道理。

懂得了这些道理，我们就能以百倍的信心开始演说与口才的训练，也才能取得更快、更好的结果。

1. 上台前的自信

自信是每个人走向成功过程中的助力器。相信自己一定能够成功的人，离成功也就又近了一步。当然，仅仅只是对自己有信心还不够。你必须同时将信心传递给他人，用自己的自信感染他人。只有让所有人都能感受到你的自信，受到你的自信心的感染、鼓舞，你才能更好、更快地获得成功。

如果不能把自信的能量传递给他人，而只是个人的自信，那么在他人看来，你就不是自信，而是自傲。事实上，很多人都会犯这样的错误，他们面对任何挑战都自信满满，永远不言放弃。他们认为自己的这种表现是自信的表现，殊不知在别人看来，他们固然自信，但未尝没有自傲的成分在内。

其实，真正的自信应该是让所有人都感受到你的积极向上，从而带动所有人的工作热情。当一个人充满信心，充满热情时，他能够用这份信心和热情去感染他人，能够顺利说服他人。那么，在演说时，如何进行信心的传递呢？

接下来，我就讲讲如何在演说前培养信心。以我个人的亲身经历为例子吧。最简单的一个方法就是，每次演说前，我会在大脑里问自己正确的问题。所谓在大脑里问自己正确的问题，就是自我沟通、自我说服。通常，我会问自己两个问题。

第一个问题：我为什么要演说？

这个问题你可以换成“为什么我要当演说家”或“我为什么要上台演说”等。

这个问题的答案因人而异，而我演说的理由非常简单：一个人的成功85%靠人际沟通，在我年轻的时候，演说就改善了我的沟通技巧，让我变得富有了，所以我演说。

演说让我出人头地，还改变我的命运，所以我要将其公之于众。

演说让我月收入超过百万元，我要将这些方法和经验拿出来和大家分享。

……

就是这种种理由使我充满信心和激情，并坚持不懈地演说下去。总之，演说前我不断暗示自己，演说是为他人造福的事。我不在意有没有人在听，有没有人会批评，有没有人给我掌声，我只想把最好的东西奉献给大家。每当我这样想，我就信心满满地站在演说台上，从容地开讲。

第二个问题：为什么我的演说一定对听众有帮助？

多年来，我的学生从月收入几百元变成上百万元的大有人在，也有些企业家因为听了我的课，让企业在一年内的业绩从两三千万元增长到七八千万元。我的演说让学员发生了这么大的改变，你叫我怎么能没有信心呢？

这就是培养信心最有效的方法。

2. 保持热情

无论是在现场的培训课还是在录制节目，我自始至终都保持高度的热情。如果你有到我的现场听课或者看我的光碟，就能感受到这一点。可能正在看本书的你，很难体会到这一点，但我还是会尽我所能将那份热情带到这本书里来。

演说现场让自己保持热情，是比较容易做到的，因为那是一种面对面的交流，比较容易互动。在有观众的情况下，人的热情很容易被激发出来，但是在没有任何观众的情况下，比如录制节目或者视频课程时，我又是如何保持热情的呢？

很多人认为，对着摄像头这冷冰冰的东西录节目演说，我们不需要保持热情，因为此时无论你以什么样的状态在演说，它都不会对你做出回应。我并不赞同这样的观点，更不喜欢这样的做法。

即使是没有观众的演说，保持热情也是演说者的天职。所以，每次录制节目或者视频课程时，我都会将自己最大的热情展现出来。一进摄影棚对着镜头，我就告诉自己：我对电视机前面的观众充满好奇和热情，我想他们会边看边记笔记，我想他们看完我的节目意犹未尽，我想他们会因为我幽默风趣的演说而鼓掌。一想到这些，我讲起话来就非常有信心，也会根据想象中的观众的反应适时调整语调、语速，甚至会加强肢体动作，以便使这种热情透过电视机传递出去。

3. 言行一致

一致性指的是说自己所做，做自己所说。简单来说，就是我在台上是如何说的，在台下我就是如何做的。如果一个人言行一致、表里如一，他讲话就会非常有底气和信心。

在演说中，我也是这样的，举的例子都是我亲身经历的，并验证有效的，否则，我就不会拿出来讲了。

记住，只有你做到言行一致，你的演说才具说服力，观众才会信任你、认可你。

大众喜欢马云，不但喜欢听他演说，而且喜欢他那些在网上传来传去的“语录”。

为什么马云如此受欢迎？难道完全因为他总是能够妙语连珠吗？答案并非如此。其实，人们之所以喜欢马云的演说，推崇他的演说，除了他的演说确实好之外，还因为他的人格魅力，以及他给大家树立的成功励志的正能量形象。

最关键的是，马云是一个说什么样的话，就去做什么样的事的人。这是他受欢迎的重要原因之一。否则，我们就无法解释为什么有的知名企业家演说也不错，也经常说出一些充满人生智慧的话语，但就是没人愿意关注他们。

其实，许多企业家的影响力都很大，但因为其言行不一，嘴里说着社会责任，实际干的却是欺骗消费者的事情，所以大众不喜欢他们，媒体也不愿意报道他们。

同样的话，由心口如一、言行一致的人说出来，就会变成真理。由用心说话的人说出来，那就叫励志，这就是马云演说受欢迎的原因——他的人格境界，提升了他的演说魅力。

美国著名的演说大师、西方现代人际关系教育的奠基人卡耐基，他的父亲是个农夫，没读过几年书，一生的大部分时间都在农田里度过。他种地的经验，要远比上台说话的经验多。然而，在卡耐基年轻的时候，人们却告诉他："你的父亲比你有说服力。"卡耐基对此很不以为然，因为他的父亲从没学过任何的演说技巧。

后来，在一次教会的聚会中，卡耐基的父亲站起来说话，卡耐基发现，其他人都是一脸深受感动的表情，似乎他父亲无论说什么，他们都会相信。卡耐基由此有了一个很大的领悟：一个人的人格，会决定他说出来的话的价值。

事实正是如此。很多政客演说流利，说起话来头头是道，但是，没有人会相信他们的话，因为他们没有基本的人格；而一个正直、诚恳的人，也许他的演说差了一点，仍然可能会有强烈的说服力，因为他的"人格"已经帮他说了更多的话。

第五节　心理上的充分准备

当你突破心理障碍，敢于站在台上演说后，你就开始希望自己的演说完美而有吸引力。但那并不是一件容易的事情，尤其是对那些非专业演说者来说，因为缺乏系统的学习和培训，要想做一场完美的演说并不容易。

有没有一种方法可以让我们不用专门去学习演说技巧就能把演说讲好？

有，这就是心理暗示。

在电影《国王的演说》中，英国国王乔治六世有很严重的口吃，发表讲话时非常吃力，但无法逃离公共人物的命运。幸运的是，贤惠的王后伊丽莎白经人介绍，为丈夫找到了一位与众不同的语言治疗师莱罗格。

通过一系列的训练，乔治六世的口吃大为好转，与莱罗格也成了一辈子的好友。第二次世界大战爆发之际，乔治六世成功发表了那篇著名的圣诞讲话，鼓舞了当时第二次世界大战中的英国军民。

细心的观众可以发现，乔治在正式发表圣诞演说之前，有一段对着麦克风喃喃自语“我一定行”“我一定可以”的镜头，这实际上就是演说时的一种正面自我暗示。

所谓正面自我暗示，就是指刻意用某些积极的想法和念头去影响自己，这是唯一一种已知有效的依主观意愿改变我们自己的方法。

1. 心理暗示的意义

在演说时，要做好心理上的充分准备，这需要通过一定的心理暗示活动。例如，自己对自己大声地说“一个能够站在众人面前从容不迫、侃侃而谈的人，必将前途无量”，或者说“驾驭演说让生命远航”等。

通过这些暗示性的语言，让自己心潮澎湃，产生更强的演说欲望，在脑海里根植一个表达意识的意念，把这些理念进一步地输入脑海，就会让自己从现在开始非常注重演说。

心理暗示是人对自我潜意识的定位，语言是生产力，心情舒畅时就能阳光灿烂，就更容易达成所追求的目标，所谓“干得好还要说得好”就是这个道理。

如果说“只说不干的人是嘴把式”“只干不说的人是傻把式”，那么“既会干又会说的人才叫真把式”。

例如，有一则报道问最值钱的是什么？回答是人才。怎样才算是人才？回答是演说。也就是说真正的人才不见得会演说，但是会演说的一定是人才，当然，这里所说的演说是表示有真知灼见，而不是胡吹乱侃。

2. 心理暗示的学习态度确认

学习演说，要“战略上藐视敌人，战术上重视敌人”。演说是一种重要的人际交流手段，但演说并不难，只要通过训练，就一定能取得进步，这需要信心和自我激励。

为了能使自己产生强烈的心理暗示，需要对自己的学习态度进行确认，这可以通过自我言说来产生。

例如，可以将下面的语句默默地说给自己听。

①反正死不了，豁出去了！

②今天放下面子，明天才能更有面子！

③只有完美的练习，才能有完美的结果。

④练！练！练！

⑤实践，实践，再实践。

⑥开口，开口，再开口！

3. 心理暗示的学习宣誓

给自己心理暗示后，再通过进一步的强调来强化这些暗示，不断地说的过程更可以锻炼唇齿的配合，所谓“一样的话百样的说，才会有不同的结果”，通过反复的唠叨，自己的训练欲望就会高涨，学习也就更容易取得成功。

心理暗示活动的学习宣誓可以有以下几种。

①我会按要求完成所有规定课程。

②我相信通过这次学习，我的演说能力一定会大大提高！

③我非常珍惜这次学习机会。

④我会牢记中国公民“爱国守法、明礼诚信、团结友善、勤俭自强、敬业奉献”的道德规范，做一个堂堂正正的中国人！

第六节　演说的终极目标

除了要了解心理暗示的相关内容之外，作为一名演讲者，还要明白演说的目的、演说者需要达到的境界以及对于演说的自我确认。

1. 演说的四大目的

演说的目的包括以下四个方面：

（1）说服听众、导致行动；

（2）说明情况、让他了解；

（3）感动听众、产生共鸣；

（4）娱乐听众、让其快乐。

2. 演说者的三种境界

为了达到上述四大目的，演说者就需要达到三种境界。

（1）用口

演说是通过口来表达的，所有的言辞都需要通过发声来传递给听众，所以，演说家必须要有把握口的艺术。

（2）用心

虽然所有的表达都是通过口来完成的，但是，口只是传达出了大脑的这些信息，而真正感动人的，则是演说者的感情投入，是心的付出。金杯、银杯，不如人的口碑；金奖、银奖，不如别人背后的夸奖；金房、银房，不如走进人的心房。

只要所有的沟通、所有的说服走进别人的心里，通过表达与对方取得共识，然后与共识者去共事，才能达到演说的最终目的。

（3）用生命

对于职业的演说家来说，演说事业是他的生命，只有对事业和生命具有等同的感觉，才能使事业取得辉煌的成就。

3. 自我确认

对于演说的自我确认，可以产生更加坚定的信心，可以带来更加敏锐的思维，可以使得自己的演说身份被受众接受，而自我确认的过程，也是面带微笑、真心投入的过程，如果一个人认可自我，则一种轻微的笑容就会出现在他的嘴边，这种信号就是他传递出的自我确认的标志。

关于微笑，有一首小诗充分说明了它的非凡作用：

啊，微微一笑并不费力，
但它带来的结果却是那样的神奇，
得到一个笑脸会觉得是一个福气，
给予一个笑脸也不会损失分厘，
微微一笑虽然只需几秒，
但它留下的记忆却不会轻易逝去，
没有谁富有得连笑脸都拒绝看到，
更没有谁贫穷得连笑脸都担当不起，
微笑买不来，借不到，偷也偷不去，
因为只有在给人之后，才显露它的意义，

这就是微笑的真谛。

可以说，一个不善于微笑、缺乏热情、没有激情、淡于才情、不懂得人情的人，是断然与成功无缘的！

所以，成功的演说家一定是具有热情、具有激情、具有才情、懂得人情的人。

第二章
公众演说，从心开始

相信很多演说者都遇到过这样的现象，当你在他人面前阐述自己的观点和思想时，由于内心的紧张和恐惧，导致你在讲话时言语无措、断断续续，甚至是无法开口讲话。如此一来，你所要表达的内容和信息就不可能很好地传递给其他人，类似的情况经常会发生在我们身边。那么下面我们就来说说演说是如何从心开始的。

第一节　突破自我，克服恐惧心理

对于很多人来说，没有出色的演说是因为自己没有公众说话的勇气。每逢众人云集，自己需要上台发言时，他们就会脸红心跳，语无伦次，讲话支支吾吾，甚至开不了口。

美国第18任总统尤里西斯·辛普森·格兰特，以前在林肯手下做陆军上将，军事修养极高，在南北战争中屡建奇功，最后在他卓越的军事领导下成功解放了黑奴。战争结束以后，林肯总统请他上台，给他颁发勋章，并让他讲几句话，他却不知如何开口。

为什么讲不出话来呢？原来他很害怕在公众面前演说，每逢公众讲话时，他就会产生恐惧心理。格兰特将军能够游刃有余地指挥千军万马，在战场上镇定自若，但你让他在公众场合讲几句话，他就怂了……

事实上，几乎所有人在公众讲话时都会或多或少有一些恐惧，而导致紧张。这个世界上没有天生的演说专家。公众讲话，先天性的因素所占比例甚小，基本上都是靠后天的培养和训练。其中你首先要做的，就是突破自我，克服公众讲话的恐惧心理。只有战胜了内心的恐惧，你才能以自信的姿态在众人面前侃侃而谈，流畅地阐述自己的观点和意见。

1. 产生演说恐惧心理的原因

面对公众演说，很多人都会产生恐惧心理，从而导致紧张。这是什么原因造成的呢？

（1）恐惧心理源于对听众评价的忧虑

这是产生恐惧心理的最主要原因。在任何存在评价的场合，人们往往紧张，难以发挥自己的正常水平。这也就不难解释为什么运动员平时训练时，一个动作做上一万次都不会失误，而在世界大赛中却有可能出现失误。

（2）演说准备的不充分

如果演说者对于自己演说的主题、内容、所需材料都没有做好准备的话，一上台就磕磕巴巴也是意料之中的事情。

（3）陌生感导致的紧张

根据医学研究表明，当人们处于陌生的场合或者重要的场合的时候，出于自我保护的本能，就会产生紧张的情绪。紧张的情绪会刺激人体的副交感神经兴奋，导致去甲肾上腺素等物质分泌过多，使毛细血管扩张，心跳加快，可见，紧张是正常的生理现象，我们要正确面对。不要一上台，就紧张地觉得自己不是演说的料，这是极端错误的。

（4）听众因素对于演说者产生压力

听众因素包括听众的层次、人数、熟悉程度、听众观点等众多方面。如果听众的社会地位、知识层次、行政级别都比演说者高，演说者则容易产生紧张情绪；同时演说者的紧张程度和听众人数往往成正比，听众人数越多，演说者越容易紧张。如果演说者和听众彼此熟悉，就能大大降低演说者的紧张程度；如果听众大多数和演说者持有相同或者相近观点，同样也能减轻演说者的紧张情绪。

（5）自卑心作祟

自卑是一种消极的心态，很多人不敢发言，觉得自己的知识没有别人的丰富，担心自己的观点说出来，会遭到别人的笑话而不敢说话。有的人尽管满腹经纶，但是自认为自己口齿不清，说话不干脆，怕被人耻笑。有的人因为公众说错过话，有心理阴影而不愿意公众讲话。有了这些想法的人，就会因为各种顾虑而产生自卑的心理。越不敢开口，就越说不好。久而久之，连在公众面前说话的勇气都没有了。

（6）锻炼的机会太少

很多人性格内向，不善于表达，也不愿意与人交流。说话很少，自然得不到锻炼的机会，妨碍了语言表达能力的提高。有的人生活圈子小，生活比较平坦，也没有公众讲话的机会。一遇到公众讲话的场合，就没有胆量和勇气了。所以，要不断为自己创造公众讲话的机会，锻炼自己，才能提高自己公众讲话的本事。

（7）太过于追求完美

有些人语言表达能力不错，可是每遇到需要公众发言的时候就结结巴巴，说不出话来。究其原因，是他们对于自己要求过高，太在乎结果，过于追求结果，因为害怕失败而表现不好，发挥不出真实的水平，从而更加惧怕公众讲话了。

2. 如何应对演说时的恐惧心理

惧怕公众讲话，这是人的通病，即使熟练的演说家在面对观众时，也会感觉紧张，所不同的是，他们能把紧张化成活力和热情，把演说做得很精彩。

（1）在发言前，做最充分的准备和最坏的打算

俗话说："不打无准备之仗。"在发言前，相信自己演说的选题能够吸引听众；准备演说所需的材料搜集完备；演说稿紧扣主题，安排有序；对演说稿非常熟悉，能够很好地掌握演说时间。同时要考虑到各个方面的不利因素，比如演说场地、演说时间、听众人数等客观因素。提前做好心理准备迎接可能来自听众的各种各样的刁钻的问题，尽量多准备一些假想的问题的答案。

可以先做适应训练。车尔尼雪夫斯基说过："想不清楚的东西也就说不清楚，言语的不准确和混乱只能使思想更加混乱。"把问题想清楚了，自然而然就会思维清晰，娓娓道来。

（2）要有自信心

爱默生说："自信是成功的第一秘诀。"心态往往能够决定成败，相信自己能行，就能把事情做好，有了自信，就会产生一股强大的力量，克服恐惧。要有自信心，告诉自己是最棒的，自己做了充分的准备，一定能够在演说中表现出色。这样给自己积极的心理暗示，十分有助于缓解紧张。

（3）紧张时要学会放松心情

深呼吸是缓解情绪最快，也是最有效的方法。当你感觉心跳加快时，

赶紧做几次深呼吸，可以使心情快速地平静下来。上台之前调整好呼吸，深呼吸几次，反复握紧拳头然后慢慢放松，这些方式都有助于演说者缓解紧张。

（4）把你的听众当成朋友，不要害怕听众

当你发言时，听众无法感知你的紧张，也看不到你内心深处的思考。很显然，面对听众，你就把听众当成你的朋友，像和面对老朋友一样，去表达，你自然就会放松下来。

（5）掌握一些演说时的小窍门

诀窍一：在进行演说时，应当从听众当中找寻那些对自己投以善意而温柔眼光的人，从眼神的对视与交流中缓解紧张，并且无视那些冷淡的眼光。此外，把自己的视线投向强烈“点头”以示首肯的人，这对巩固信心来进行演说非常有效果。有时候把自己的视线投向一些其他的地方，比如某位女士戴的漂亮帽子，适当分散一下注意力也有助于缓解紧张。诀窍二：演说的时候注意自己的面部表情，一定不要垂头，适当地放慢语速，这有助于稳定情绪，放松脸部表情。诀窍三：手里可以拿上一张小纸卡，写上演说的提纲，这样心里会觉得有所依靠，也能够大大缓解紧张。

（6）发言时，集中精神，专心致志

发言时，不要胡思乱想，要专心致志地说出你想表达的内容，发挥出你最好的水平。

平时多与人交流，探讨自己对某些事物的看法，与大家分享意见。只要有发言的机会，就勇敢地抓住机会说出自己的观点，表达自己的看法。积极参加一些社团活动，在活动中多说、多练习。

（7）来点幽默感

不要担心说出自己的紧张，相信大多数听众都会体谅这一点的。优秀的演说人和有吸引力的演说内容只有加上恰到好处的幽默，才能创造出成功的演说。所以当你遇到怯场的情况时，不妨来点幽默感，以诙谐的话语控制住整个场面，在听众轻松的笑声中解脱自己。

要想真正提高自己的演说能力，只有这些理论是远远不够的，必须通过实践，在真正的演说环境中切实地提高自己的演说能力。爱迪生说："天才是1%的灵感加上99%的汗水。"人的成功，天赋只占很小很小的一部分，绝大多数是靠勤奋取得的。与其羡慕别人在台上口若悬河、文采飞扬，不如退到台后，默默地锻炼。"要学会游泳，一定要先下水。"公众说话，需要在实践中提高，抓住每一个锻炼演说的机会。

第二节　培养自信，让演说更富有力量

自信的姿态和坚定的语气能让演说更有感染力，而自信心是可以培养的。

1. 如何培养信心，培养情绪

在演说前如何培养信心？如何培养情绪？

最简单的一个方法就是，每次演说前，自己在头脑里先提出几个问题，自我解答。这就是所谓的自我沟通、自我说服。

第一个问题：你为什么要演说？

这个问题的答案因人而异，比如，我们可以认为一个人的成就85%靠人际沟通，而演说可以改善人际沟通技巧，让你变得富有，所以你要演说。就是这种理由驱使你充满信心和激情，并坚持不懈地演说下去。

总之，演说前不断暗示自己，演说是为他人造福的事。不要在意有没

有人在听，有没有人会批评，有没有人给你掌声，你只想把最好的东西奉献给大家。只要你这样想，你就可以信心满满地站在演说台上，从容开讲。

第二个问题：为什么你的演说一定对听众有帮助？

一个人的信心，不是凭空产生的，而是随着自己的成就，逐渐累积起来的。如果你的收入从每月几百元变成上百万元，如果你的企业在一年内的业绩从两三千万元增长到七八千万元，那么你还能没有信心吗？

除此之外，你还要激发正确的潜意识。每次演说的时候，你都要暗示自己：你喜欢听众；听众也喜欢你；你很高兴来到这里；你知道你要讲什么。在上台之前，你经常对自己讲这样的话加以暗示，慢慢地，你整个人的状态就会非常好，不管多疲惫、多累，不管人多人少，你在台上都会有非常完美的表现。

成功者之所以能够脱颖而出，是因为他们不管在多艰难的处境下都不会失去对自己的信任，以及对成功的渴望。正所谓，有思路才有出路。一个人有什么样的思想，也就注定了他有什么样的生活方式；有什么样的生活心态，就注定了他将来会过什么样的生活。在做一件事情之前，如果连自己都怀疑自己是不是能够做好，那么，所遇到的就只剩下困难了。很多时候，一个人能否取得成功，有没有足够坚韧的自信是一个很大的因素。

2. 怎样建立自信

演说的最高境界是自信，而不是完美。但是，自信并不容易获得。那么，该怎样建立自信呢？下面是建立自信的一些方法。

（1）多与阳光自信的人交往

人的情绪是可以相互传染的。长时间跟生活乐观的人在一起，自己也会慢慢地自信乐观起来。跟自信的人待久了，你也会感受到自己的自信无处不在。

（2）坚定信心

信心是产生力量的源泉。要学会在生活点滴小事中不断地寻找成就感，积攒自己的自信。只有不断地肯定自己，才能得到强大的自信。

（3）勤奋工作

俗话说："勤能补拙。"空想是产生不了真正的自信的。无论做什么工作，只有勤奋踏实才能向成功迈进，才能让自己看到希望，才能有信心和勇气继续前进。

努力建立起强大的自信，那样，你才会发现，"优秀"的高度其实没有你想象的那么遥不可及。有了坚定的信心，才会有勇气去眺望前方的成功。

（4）只讲你懂得的，你就会充满自信

只讲我们懂得的，我们才能有自信，才能讲得好。这个世界上能够成为全才的人少之又少，随便拿出一个话题就能长篇大论的人也并不多见。能够在某一方面成为专家的人，就已经非常优秀了。事实上，那些能够演说得很好的人，往往都是在谈自己最了解、最擅长的那一块内容的人。因为只有这个时候，才是他们最自信的时候。

马云演说时所形成的强大气场，他身上所具有的那种自信，无不是因为他只讲他懂得的事情。诚如他所说，他"只讲阿里巴巴"。

不管你给出什么命题，他最后都会给你绕到阿里巴巴上来，绕到他最熟悉的梦想、使命、胸怀、价值观等上面来。

需要注意的一点是，马云说他谈阿里巴巴就会产生自信，不仅仅是因为他熟悉阿里巴巴，还因为阿里巴巴在今天获得了巨大的成功。

在某种程度上，自信来源于我们以前的成功。成功的人会暗示自己："我在以前成功过，因此我讲的话都是正确的。"

基于这一点，当一个人在生活中和工作中都很成功的时候，他的演说就总是充满自信。失败者总是垂头丧气，成功者总是志得意满，不断获得成功是最好的自信来源。

命题演说并不可怕。除了学术演说，只要你有心，你就总能把那些看似不懂的话题转移到你熟悉的话题上来。很多事情所包含的道理都是相通的，同样的道理，数学家可以用数学知识来解释，物理学家则可以用物理现象来解释，而如果你是个农民，你就可能会用种地的经验来解释。

所以，任何一个命题演说，只要你抓住了其中的核心，你就能用自己最熟悉的语言和事情把它讲明白。马云所使用的，就是这样一种技巧。

在卡耐基的观点中，精彩的演说至少要符合三个条件，其中第一个条件就是要谈论自己熟悉而确信的东西。他认为，在一场演说中，如果主讲人所说的全是资料或理论，通常很难引起听众的兴趣。但如果你所讲的内容是跟你的经历、你读过的书、你听到的话有关，谈的是你自己熟悉而确信的东西，那么你的演说就不会失败。

只有对熟悉的东西，我们才能谈出自己的看法和观点。而演说的魅力，就在于演说者独特的睿智和洞见。如果一个人站在台上讲的全部是别人的看法和观点，这个人就会成为一个失败的演说者。有些人博览群书，涉猎驳杂，但因为对任何事都没有自己的看法和观点，这样无论怎么演说，都很难激发听众的兴趣。

优秀的演说者都是充满个性和独特观点的。如果仅仅是模仿其他人，无论你的"演技"多高超，都会让自己显得不自信。因为作为一名演说者，向听众传递有价值的信息是主要目标。做不到这一点，你的内心就会存在压力，从而导致不自信。

第三节　心理暗示，始终保持积极心态

如果你的心理和思想是健康的、积极的，你就能在开朗向上的心态下征服一切，并能够做出一番不小的成就；而你的思想若永远都是悲观消沉的，那么你眼中所见到的事物，都会被抹上一层灰暗的色彩，而你只能生活在哀愁和痛苦当中。

同样的道理，在公众讲话的时候，你也要学会心理暗示，始终保持高昂热情的情绪面对你的听众。要知道，公众讲话的目的，是将自己的思想和观点传达给听众，并且让他们在演说的过程中接受你的思想。而若是连你在发表自己观点时都缺乏底气，那么试问，你如何让听众信服呢？他们怎么会接受你的思想和观点呢？

因此，当你在公众场合发表讲话时，你首先应当在心底暗示自己："我能行，我会将这次演说顺利结束的，我是最棒的！"与此同时，你要尽量去避免或克制心中的负面想法。什么是"负面想法"呢？比如说，你在登台前可能会心理紧张：担心自己在公众讲话时措辞不当，担心演说时出现"卡壳"的现象，担心听众们不能接受你的观点，等等。

这种负面的假想，实际上就是你消极和悲观情绪衍生出来的，这是一段非常糟糕的开始，因为有了这样的心理负担，你在演说之前，就已经流露出胆怯和不自信的心理状态了。因此，在登台前你最应该做的，就是要将这些负面想法果断地从自己身上移走，将所有的注意力都集中到台下的听众身上，这样就能够很好地避免在即将进行的演说中出

现太多的失误。

1. 心理模拟训练——暗示的力量

当你克服了恐惧心理，充满自信地站在台上公众讲话后，你就开始希望自己的演说完美而有吸引力。但那并不是一件容易的事情。尤其是对那些非专业演说者来说，因为缺乏系统的学习和培训，要想做一场完美的演说并不容易。

有没有一种方法可以让我们不用专门去学习演说技巧就能把演说讲好呢？

有，这就是心理模拟训练，利用暗示的力量。

运动员们很早就意识到“心理预演”与“视角化想象”的重要性。经常看体育比赛的人会有这种印象：正式比赛前，运动员都会做一些模拟动作，比如跳远运动员会模拟起跑、起跳以及落地的情景，而篮球运动员则可能会站在罚球线上，进行无球状态的投篮模拟。

所有的这些动作，其实都是一种心理模拟，也就是心理预演。

> 伟大的高尔夫运动员杰克·尼古拉斯在谈到如何在每一次挥杆之前应用心理预演时，这样解释说：“首先，我会‘看到’自己需要击打的高尔夫球，那个漂亮的白色精灵静静地躺在翠绿的草地上。接着，场景快速转换，我‘看到’了小球在空中飞行的样子：它的路线、轨迹、外形，甚至它落地时的姿态。接下来，头脑中的场景逐渐消失，现实重回眼前。我坚信，接下来的一击一定能够让头脑中的那幅场景变成现实。”

在心理上模拟将要执行的任务，以及对成功的可能结果的想象极大地提高了运动员的成绩。同样，如果我们将这种心理模拟应用到演说中来，也可以大大提升我们的演说效果。

在内心预演自己将如何演说，如何调动听众的情绪，如何处理突发问题，对一次演说的成功至关重要。匹兹堡大学和卡耐基·梅隆大学的研究人员发现，如果我们在执行任务的时候，事先在内心对理想结果进行过预演的话，那么，我们的额叶大脑皮层将被全面调动起来，极大地激发我们去积极的行动。心理预演越充分，任务执行情况就会越好。

许多有经验的演说家在演说之前都会进行心理预演。他们通过这种方式来模拟真实演说时可能会出现的各种问题，以及自己应该有的应对办法。当然，他们做得更多的是通过这种心理预演，来模拟自己如何演说才能达到最好的效果。

在某种程度上，心理预演就是一种自我心理暗示。

第二次世界大战期间，苏联有一位天才的演说家毕甫佐夫，他天生就有口吃的毛病，但让人奇怪的是，只要他一站到台上，就会口若悬河。这到底是怎么回事呢？原来他每次上台前都会反复告诉自己，在舞台上的不是他，而是某个演说天才，而这个演说天才说话不可能会结巴，经过一次又一次的心理暗示，加上平时的不懈努力，最后他成功了。

如果一个人经常被人骂“笨蛋”“白痴”，慢慢地他也会觉得自己很笨，很没用，成功和他一点关系都没有。美国知名的篮球教练员伍登，曾在12年内获得了10次全国总冠军，被誉为美国有史以来最优秀的运动员之一。他成功的秘诀就是：不断对自己进行正面而积极的心理暗示。每天晚上睡觉前，伍登一定会告诉自己：“我今天的表现好极了，明天还要继续努力，比今天做得更好。”正是由于这种心理暗示，第二天他一定会比第一天更积极地投入到工作中。这会让枯燥的工作变得更加有趣，带着愉快的心情去工作，效率当然会更高。

2. 正面自我暗示

一句话反复重复，一个表情反复重复，就能在你的心理潜意识中输入一个程序。因此，要想成为一个优秀的演说者，就要掌握这一规律，那就是不断地正面自我暗示，不断地重复暗示。

许多科学实验结果证明，正面暗示能够使我们变得成功，而负面暗示则阻碍我们成功。

美国一个心理研究组织曾做过一项实验：安排几个志愿人员，先测量每个人的握力平均是一百零一磅，然后将这些人催眠，并暗示他们现在是软弱无力，浑身没劲。经过这种催眠暗示之后，再重新测量他们的握力，结果发现他们的平均握力居然只有六十磅左右。

但是，在同样被催眠的情况下，如果给予他们一种完全相反的暗示，告诉他们每个人都是大力士，强壮无比。如此一来，其平均握力竟可达到一百四十磅，换句话说，他们的平均握力在瞬间增加了百分之四十。

> 美国俄克拉荷马州参议员汤姆士小时候是一个瘦瘦高高、弱不禁风的人，他为此感到十分自卑。考上大学后，有一次他受命参加一次演说比赛。对面对一个陌生人都不敢开口说话的汤姆士来说，突然之间要面对众多的人开口讲话，无疑是人生中最大的挑战。但他在母亲的指导下，采用自我暗示："病弱的身体可能会一辈子跟着你，所以你要用头脑来取胜！好好努力吧！会成功的！"结果他取得了第一名。

1960 年，哈佛大学的罗森塔尔博士在一所学校做了一个实验。他让校长把三位教师叫进办公室，对他们说："根据你们过去的教学表现，你们是本校最优秀的老师，因此，我们特意挑选了 100 名全校最聪明的学员组成三个班，让你们教，这些学员的智商比其他学员都高，希望你们能让他们取得更好的成绩。”

三位老师都很高兴，校长又叮嘱他们：“对待这些孩子，要像平时一样，不要让孩子或家长知道他们是被特意挑选出来的。”老师都答应了。

其实，三位老师和100名学员都是随机挑选出来的。但因为三位老师都认为自己是最优秀的并且学员也都是高智商的，因此对工作充满了信心，也非常卖力，结果，一年之后，这三个班的学员成绩果然排在整个学区的前列。

这就是积极的心理暗示所产生的作用。

第四节　善于借鉴，借他人经验助自己成功

突破自我，培养自信这些都是从内而发的改变，而借助外力，借鉴他人的成功经验来帮助自己也是很重要的。

1. 不存在天生的演说艺术家

谁都希望自己成为一名优秀的演说者，在公众讲话时成为一个备受瞩目的明星，然而很多人都觉得做不到这一点。比如在企业演说培训课堂上，有很多商界人士在跟我的交流中，总会流露出这样的态度：“我也知道在演说时要鼓起勇气，可是每次公众讲话时，我就感觉特别不自在，我无法做到全神贯注于自己的讲话当中，甚至有时在面对那么多听众时含糊其词、言语无措。”

那么，看看那些伟大的演说家吧。他们可以在大庭广众之下泰然自若地侃侃而谈；演说语气和口吻掷地有声、铿锵有力；他们能够清晰流畅地

依据逻辑将自己的思想淋漓尽致地传达给观众；他们在各种场所都能谈笑风生，讲话内容总是富有哲理，令人信服，且记忆深刻。他们能做到，你为什么不能呢？

演说是一门很精致的沟通艺术，然而这世上却根本不存在天生的演说艺术家。换而言之，那些高谈阔论且富含感染力的伟大演说家，都是通过自身的努力而逐步提升的。因此，如果你也想成为一位舌吐莲花的演说高手，那么你就不得不向那些成功的演说高手取经。

2. 如何借鉴他人公众讲话的经验

任何一名演说高手都不是天生的，而是后天努力的结果。成功的演说者往往善于学习他人的长处，以人为镜，在演说中不断提高自己的演说技巧，再加上坚持不懈的努力和顽强的信念，才最终脱颖而出，成为一名优秀的演说家。那么，我们应当如何学会借鉴他人在公众讲话时的经验呢？

（1）获得成功的经验

要想克服公众讲话时产生的羞涩、紧张、恐惧心理，最好的办法是首先获得成功的经验，并且以此给自己打气，激励自己。你可以先在自己熟悉的圈子里，寻找一个适当的机会发表自己的观点，倘若收到良好的反响，那么相信你在以后的场合，再次登台演说时，就会更有底气了。

（2）把演说名家作为激励自己的对象

很多非常有名的演说家，都是由一个胆怯害羞之人，逐渐在演说领域取得了巨大的成功，那么当我们在公众讲话时，不妨选择一个让自己印象深刻、跟自己情况相类似的演说名家作为激励自己的对象。当你在面对听众而产生心理恐惧时，想想那些名家，想必就能够应付这种恐惧了。

(3) 不断地磨炼和激励自己

你要学会从他人身上找到克服恐惧的方法，比如我下面提到的心理暗示法、演说呼吸法、肌肉训练法，等等，然后有意识地训练自己。只有通过不断地磨炼和激励自己，你才能练就出公众讲话的好口才！

第三章
演说的基本功训练

演说的基本功训练包括逻辑思维训练、语音训练、态势语训练、口语表达训练四个方面。

第一节　逻辑思维训练

逻辑思维训练，也就是大脑训练，大脑训练主要有三个目的：锻炼大脑的反应能力；有效地开发智力；培养大脑的联想能力。

1. 预热头脑

运动员在参加运动比赛时，都会做一些预热动作，同样，演说也是一种大脑的运动，为了让大脑进入状态，需要对大脑进行预热，大脑预热有很多种方法。

（1）隐藏着九张脸的图

预热头脑，可用图 3－1 来进行练习，下图中隐含有超过九张以上的人像，而能独立找到九张脸的人，据说智商在 200 以上。

图3-1 隐藏着九张脸的图

图3-1中大脑袋是一个老人，耳朵处是一个少妇，少妇怀里是一个孩子，老人的鼻子、下巴颏、眼睛构成了一个人，左上角有四个人，右上角有一个人。

这张图片包含了一个道理，就是宏观、微观、战略、战术之间的关系，只有宏观没有微观的宏观显得琐碎，但没有精彩的细部就不可能有波澜壮阔的全局，所有的事情能够做到伸缩自如，需要很好地去激励头脑，学会换个角度看问题。

科学家发现，人的头脑中大约有1500亿个脑细胞，每个细胞都有细胞核，外面像八爪鱼一样有触须。假如把整个脑袋中的1500亿个脑细胞建立连接，它的储量将是人类无法想象的。

在日常生活中，一般人只开发利用了大约自己头脑资源的3%。所以有一句话说，脚步达不到的地方，眼睛可以看到，眼睛看不到的地方心可以想到，思想是无边无际的。

下面这首小诗说出了公众演说与人的思维的关系：

鸟有飞越不过的高度，

风有吹不到的天际，

唯有梦想，没有去不到的地方，

公众演说训练为您的梦想插上腾飞的翅膀。

（2）隐藏着狮子的图

图3－2中隐藏有一只狮子的头，请仔细观察并指出狮子的位置。

图3－2　隐藏着狮子的图

在图3－2中，狮子在哪里？这只狮子是由重叠的、不同的图案构成的：

树梢构成了头发，栏杆构成了下巴，水中的一只鹅是狮子的一只眼睛。

在日常生活中，有些事情是一目了然的，而有些需要人们去慢慢聚焦体会。因此，热爱生活，善于观察生活，对提高表达能力是很重要的。

（3）影响思维的图

图3－3更有意思，请你以虔诚的心境用力注视图形中央的四个黑点30秒，然后闭上眼睛仰头朝上，眼睛再慢慢睁开看天花板，那么，能看到什么呢？

图3－3　影响思维的图

如果你认真按照要求去做，就可以看到一幅花圈，好像一束光打上去，慢慢变得清晰，成为一个有络腮胡的人，为什么会是这样呢？

哲学告诉人们，世界是物质的，物质是运动的，运动是有规律的，世界上只有尚未被认识的东西，不存在不能被认识的东西，一切都不神秘。

图3－3由四个基本的点构成，在用力注视图形中央的四个黑点30秒后，大脑就会将这四个黑点和它周围的陪衬印入记忆，然后马上抬头去看空白的墙面，则这种记忆还没有从大脑中清除，就由四个点逐渐扩散，加之图形原有的背景影响，就可以形成一个人的头像的幻觉。

（4）影响视觉判断的图

图3－4揭示了理性和感性之间的关系，作为二维图像，本身必然是静止的，但由于人的眼睛在接收信息的时候，会进行一定的对比，结果，图像周围的颜色条纹就影响了图像本身所传递的信息，在人的眼中，这幅图就成为旋转的了。

图3－4　影响视觉判断的图

是静止的还是运动的，取决于观看时的注意力重点，图像虽然纵横交错，但如果眼力攻其一点，则必然是静止的。

2. 有话可说的四种思维方式

（1）逆向倒转思维法

很多人一旦公众演说，就会无话可说，甚至用陈言去搪塞，讲不出任何新的东西，讲完了自己都不满意，但是一旦有新的东西，演说就会大大不一样。

所以不妨用逆向倒转思维法，凡事反过来想一想，看看能不能化扁为饱、化饱为扁、化正面为反面、化反面为正面、变肯定为否定、变否定为肯定。

（2）追本溯源思维法

追本溯源思维法，就是撩开面纱看新娘，要入木三分，寻找根源，往前走一走，往根上挖掘一点点，多走一步，一定会得出新颖的答案。

（3）纵横交错思维法

纵横交错思维法，就是所有的事情都可以从纵的方向，或者横的方向，或者从纵横交错的综合性角度考虑，这样就会获得新的话题。

纵横交错思维法的应用，围绕一个故事谈观点。故事内容是：从前有一个学生，进京拜师学艺（学习唱歌），当学到中途，他觉得自己已经唱得很不错了，于是向老师辞行。老师看到天色已晚，就说，今天晚了，明天走吧。

第二天，老师准备了一些吃的，在路口的一棵树下为他送行。席间，老师放声歌唱，高亢嘹亮的歌声震动了山岭，阻遏了浮云，这个学生听了以后羞得面红耳赤，觉得自己不过是半瓶子醋，离学成还差得远呢！于是向老师致歉，不再提回家的事了，直到学成为止。

先横向思考，老师用言行告诉这个学生，任何人都不能骄傲，俗话说，谦虚使人进步，骄傲使人落后。老师现身说法，使学生明白了学无止境的道理。

再纵向思考，用这个学生的思想和行动进行前后对比，用老师的行动进行前后对比。这个学生开始时盲目自满、自以为是，后来认识到了不足，然后知错就改，勇于认错，这是一个好的品质。

老师对这个学生没有进行笼统地批评，不是简单地训斥，而是现身说法，以自己的歌声启发对方，让他受到教育。从老师的这个表现里可以看出老师对自己学生的一种宽容的教育方法。

（4）攻其一点思维法

从兵法上讲，攻其一点就是重点进攻、各个击破，与其伤其十指，不如断其一指，集中优势兵力，消灭一个，讲的就是这个道理。

北京申奥成功以后，某电视台的女记者在街上随机采访，见到一个老太太就问，北京申奥成功以后，对市政建设及国民经济会有怎样的影响？

这个老太太说："闺女啊，你问这个我不懂，我是卖煎饼果子的。现在，我在八达岭山脚下，还有甘家口、朝阳公园门口都有煎饼果子摊。咱申奥成功我当然很高兴了，我就把我的煎饼果子卖好。我要求我从保定招的这些服务员半个月检查一次身体，同时买的那些鸡蛋都是在草原上吃蚂蚱的鸡下的蛋，好多中学生都买我的煎饼果子当早餐吃。我就想，在2008年之前，我让我这个煎饼果子摊在朝阳、海淀、宣武、丰台，哪个区都有，让那些运动员参加比赛的时候，路过这个摊位，也吃个煎饼果子，让他们都提高成绩，获得冠军，谢谢。"

看了这个电视节目，我的一个重大启示就是老太太非常巧妙地运用了攻其一点思维法。简单的理解就是当大的问题驾驭不住的时候，千万不要穿靴戴帽，闹得自己都不满意，应该将思维拉到自己熟悉的领域来谈，就像这位老太太一样，只说自己最熟悉的煎饼果子。

运用上面的这四种思维方式，再结合自己的工作情况和其他实际情况，遇到问题的时候，换一个思路去考虑，就会获得新的演说题材，新的演说切入点，轻松告别无话可讲，找到演说的内容，找到自己的价值体现。

3. 快语语智训练法

快语语智就是快速选择词语的能力，恐怕很多人都玩过这种训练法，例如，成语接龙，可以首字拈、末字拈、首字数序拈、首字成句拈。

（1）快速择语训练

一个是“火车挂钩”训练，训练要点：首字拈、末字拈、首字数序拈。

①首字拈。例如，成语“一心一意”首字拈的时候，首字是“一”，则后面要求说很多都是以“一”开头的成语，在没有成语时也可以是俗语或四字短语，通过这样的训练就能培养快速语智的反应能力。以“口若悬河”为例，可以有“口吐白沫、口不择言、口齿伶俐、口腔卫生、口口相传、口头表达、口诛笔伐”等。

②末字拈。就是用词语的最后一个字来接龙，例如“一心一意、异想天开、开天辟地、地久天长、长治久安、安如泰山、山清水秀、秀外慧中”等。

③首字数序拈。就是将成语的首字依次固定，然后进行接龙的训练，例如“一心一意、两全其美、三星高照、四季来财、五福齐备、六连高升、七倒八歪、八面来风、九九归一、十全十美”等。

（2）对对子训练

对对子训练，就是按照古代对联的要求，平对仄，例如，“上对下，南对北，软对硬”等，可以一个字对一个字，也可以多个字对多个字，例如，“门对千竿竹”对“家藏万卷书”，“公鸡打鸣早早起”对“母鸡下蛋壮身体”，当然不需要非常工整。

（3）近义语描摹训练

近义语描摹训练，就是把概念性的东西具体化。例如，你要向听众表达今天特热，会想到用一些词来形容，像“太阳、火、空调、汗流浃背、冰棍”等。

（4）单字联想训练：字、词、句、段、篇

单字联想训练，就是从字出发，联想到词，再联想到句，形成段落，最后构成篇，这是一种由点到线、由线到面、由面到体的过程，这样的过程也很有助于大脑的开发训练。

大脑是人体非常神奇的器官，它有很多的潜能量可以被开发利用。在开发大脑时，一定要认为自己脑子很灵，用积极的语言刺激大脑，从而调整自身进入最佳的状态。

第二节　语音训练

语音技巧与演说成败息息相关，可以用下面的关系来说明：演说←口语表达；口语表达←口语发送能力；口语发送能力←语音造型。也就是说，演说的成败取决于口语表达能力，口语表达能力取决于口语发送能力，而口语发送能力取决于语音造型。

这就要求在语音表达时，要字正腔圆，发音要到位，语音造型要讲究形神兼备。

演说要做到形神兼备。所谓的形是指听众根据演说者的声音，还原出的形象；神是指听众根据演说者的声音，所获得的神韵。形神兼备就容易让对方想象和接受。俗话说“看景没有听景好”“看景不如听景”，意思就是听景的时候，可以发挥自己的想象，会想得更美。

请看下面一篇新闻报道：

2006年6月6日16时整，三峡工程三期围堰爆破拆除现场指挥员张曙光、邢德勇同时按下两个红色的按钮。几秒钟后，现场一阵密集的“噼啪”巨响。只有12.888秒，三峡工程三期围堰爆破成功。

在900多声爆炸响声中，记者在现场看到，巨大的堰块如同多米诺骨牌，从北向南依次匍匐入江，江面上顿时巨浪翻腾，水花飞溅。十几米高的巨浪从爆破处向上游奔腾而去，巨浪发出虎啸狮吼般的咆哮声，激起的水花蹿至四五米高。

用时12.888秒，爆破量相当于400座10层楼，其规模及难度，都称得上是“天下第一爆”。如图3-5所示。

图3-5 天下第一爆

即使没有观看新闻联播，只要通过上面的语言描述，也可以设想和感受到这个场面的宏伟，这种语音的造型功能，更加锤炼了语言的表达能力。

1. 呼吸的方法

气乃声之源，气好比水，言好比水上的浮物，水大则浮力大，因此，演说要有底气。语音的质量，在很大程度上取决于呼吸技巧的运用。

（1）吸气

吸气要深，小腹收缩，整个胸部要撑开，尽量把更多的气吸进去。例如，闻到一股香味时的吸气法。应该注意的是吸气时不要提肩。

（2）呼气

呼气时要慢慢地进行，要让气慢慢地呼出。因为在演说时，有时需要较长的气息，只有呼气慢而长，才能达到这个目的。注意，呼气时可以把两齿基本合上，留一条小缝让气息慢慢地通过。

（3）补气

在演说高潮时，常常需要大量气流加强语势。刹那间口鼻同时吸入少量气息作为补充，快且避免擦音。

2. 发音技巧

（1）共鸣、扩大音量、美化音色

演说者要发出洪亮、圆润、悦耳的声音，发声必须经过共鸣，共鸣分为以下三种：

①口腔（喉腔、咽腔）共鸣：中音共鸣区。

②鼻腔共鸣：高音共鸣区。

③胸腔共鸣：低音共鸣区。

演说是以口腔共鸣为主，以胸腔共鸣为辅，略带一点鼻腔共鸣的公众表达活动。

（2）吐字归音

吐字归音，是我国传统说唱艺术中关于咬字方法的一个术语。它把一个音节的发音过程分成出字、立字、归音三个阶段。

出字是指声母和韵头（介音）的发音过程，立字是指韵腹（主要元音）的发音过程，归音是指声带发音的收尾（韵尾）过程。也就是说，要控制发声器官的位置和肌肉的松紧，使每个字的字头、字腹、字尾都发得清楚完整。

其要求是咬紧字头、延长字腹、收准字尾，达到“咬字千斤重，听者自动容”的效果。例如，“讲”字，字头是 JI，字腹是 A，字尾是 NG。

3. 节奏

节奏可以分为明快型、凝重型、激昂型。演说中的抑扬顿挫、高低起伏称为演说的节奏。由于有节奏的变化，所以演说具有听觉美。构成节奏的要素有：重音、停顿、速度、抑扬。

（1）重音

重音可以分为语法重音（结构重音）和强调重音（情感重音）两种，结构重音服从于情感重音。

情感重音的表达技巧多种多样：加重音量、拖长音节、一字一顿、反转等。加重音量就是咬得很重。拖长音节则是将话语的音节加长，例如，“啊——我就是这样——”，表示了一种无所谓的态度。一字一顿则是每一个字都停顿一下，例如，“你——能——拿——我——怎——么——样——”，这句话明显表达出一种挑衅。反转是由快到慢，例如，闻一多的最后一次演说中曾经说过，“杀死了人，又不敢承认，还要诬蔑人，说什么‘桃色事件’，说什么共产党杀共产党，无耻啊！无耻啊！”这种反转由快到慢，加强语气。

（2）停顿

停顿，既是演说者的生理需要，又是表达需求。停顿是为了表达某种情感，将有的字词、语句做特别清晰充足的发音。

停顿分为语法停顿、逻辑停顿、情感停顿、回味停顿四种。演说中的停顿是非常重要的。

例如，“叔叔吻了我妈妈也吻了我”这句话，如果使用不同的停顿方式来表达，就会产生两种截然不同的效果。

“叔叔吻了我，妈妈也吻了我”意思是叔叔和妈妈都吻了我，而“叔叔吻了我妈妈，也吻了我”则意思是叔叔吻了“妈妈和我”两个人。

(3) 速度

速度指演说中的语速，语速对表情达意十分重要。播音的语速一般在300字/分钟；首长做报告，一般在150字/分钟；演说的语速介于播音与报告之间，一般在200字/分钟。

在演说中，以一次为参照，可以根据不同的演说风格，酌情增减语速。一场演说中，开头、高潮、结尾部分的语速也不尽相同，要根据不同的人，不同的讲法因地制宜、因人制宜地来调整。例如，给老太太作演说，语速要慢一些，大声一些。

(4) 抑扬

抑扬，就是声音欲扬先抑，欲抑先扬，欲重先轻，欲轻先重，欲停先连，欲连先停等技巧的使用。

抑扬有三种情况：

①上扬调：由低到高，代表鼓动、号召等。

②下抑调：由高渐低，代表自信、肯定等。

③平直调：由头至尾，变化不大，代表叙述、说明、解释等。有点像播新闻。

由于节奏四要素的不同排列组合，构成了不同的节奏类型。主要有：

第一，明快型。感情脉络平稳，语调变化小和停顿较少，叙述事件语气平和，中速或稍慢，重音和停顿较少，多用于叙述一件事，说明一个理。

朱自清先生的文章《春》中有这样的语句：

春天像刚落地的娃娃，从头到脚都是新的，它生长着。

春天像小姑娘，花枝招展的，笑着，走着。

春天像健壮的青年，有铁一般的胳膊和腰脚，领着我们上前去。

……

以上的文字读起来就要使用明快型，这样才能达到最佳的阅读美感。

第二，凝重型。抒发沉思、悲伤、激愤的情感所使用的一种节奏，是一种抒情性演说。

当张海迪讲到自己曾经因失望而自杀的时候，她就是用这种节奏方式处理的，她说："虽然我有病，可是，我不愿做这沸腾生活的旁观者。我愿像别人一样，做一个社会主义建设者。爸爸、妈妈，请你们原谅我，原谅我。我永远也不会忘记跟你们生活的那些岁月。我吞服了大量的安眠药，并且还给自己打了氯丙嗪。

我躺在床上，静静地等待离开这个世界。"

第三，激昂型。抒发激昂、喜悦、愤怒、紧张等多种情感时所使用的一种节奏。语调高扬，大起大落，语速快，节奏流畅，音色明亮，重音与停顿较多。例如，伸出你的手，伸出我的手，我们手挽手一起走，心中有爱才会有奔头！

所有的方式方法，在实践中都可以灵活多变、交替使用，但是必须以演说者的情感为依托。

4. 变声传神

演说中，为增强语音的表现力，形成生动感人的效果，需使用变声技巧。变声技巧有拟声、拖腔、气音、喷口、颤音等。

（1）拟声

为了叙述一件事的时候绘声绘色，或需要模拟某些声响效果时，可以使用拟声表达，有时为了使效果更加逼真，可以适当延长或缩短发声时间，通过控制音调、强度、节奏，达到紧张、急迫、危险、压抑等多种效果。

由于初上战场，没有经验，我还在埋头看书，突然听到一位战士叫了起来："炮弹！"随即一把将我往战壕里推，我们稀里哗啦就进了壕沟，当时是跳下来的还是滚下来的，我也记不清了，只知道趴在战壕里不敢动。

就听到空气撕裂的声音"刷——咣"，震耳欲聋的爆炸声，紧接着整个阵地都在摇晃，大概一两秒钟以后，噼里啪啦的，石块泥巴打在身上，等身上挨了几下后，才反应过来应该进洞啊！

（2）拖腔

使用拖腔，可以表达一种疑惑，也能增强感情色彩所占的比例，让语句更加柔和委婉。

例如："他为什么总那么说，我琢磨来琢磨去，难道——这话中还有话？"

(3) 气音

为了表示强调，对演说的部分内容加重语调，用沉重的声调表示，可以将这种扣人心弦的效果淋漓尽致地表达出来。

在小曹地区的战斗中，一位战友身上连中三弹，昏倒在地。当他醒来时仍然坚持战斗，不料飞来一颗手榴弹，把他的小腹炸开，肠子“哗”地流了出来，落了一地，这时他随手捡来敌人的烂钢盔，用左手抓起粘满泥和血的肠子塞进肚子里，用钢盔卡住，用子弹带扎紧，1米、2米、3米……他继续向前爬了10米远，打出最后30发子弹。

(4) 喷口

喷口就像喷出来的那种声音，通过喷口，可以将愤怒等情绪非常恰当地予以传递。

例如：“你们看，光明就在眼前，而现在正是黎明前那个最黑暗的时刻。我们有力量打破这个黑暗，争到光明，我们的光明，就是反动派的末日！”

(5) 颤音

颤音往往更能表达情感，更容易感染听众，也更容易使演说者和听众都进入角色。

看看我们脚下这片大地吧！这才是我们自己的土地！她给予我们的太多太多，而我们给予她的却太少太少，她的贫乏是我的不是，你的不是，他的不是……

当我们明白了这一点时，我们就会扑倒在她的怀里，深情地喊一声“妈妈”，又怎么舍得离开她呢？

第三节　态势语训练

伴随有声语言的表达，还存在一种依靠面部表情、手势和身体姿态动作来辅助表达思想感情的无声语言，称之为态势语言。

态势语言训练的重点要求是：自信挂在脸上；胸中涌动激情；举手投足常练习；嬉笑怒骂有归依；解放思想，挥洒风采；振臂一呼，应者云集；堂堂正在，荡涤心灵。

人们的表情、手势、姿态等是能够表达人的思想感情的人体语言。心理学家阿尔·伯特梅拉毕安发现一个公式：信息的总效果 =7% 的书面语 +38% 的音调 +55% 的肢体语言。可见，肢体语言在语言信息表达中，占有绝对重要的地位。没有好的肢体语言，根本谈不上好口才。

人们在交流中，通过眼神、表情、手势等辅助有声语言的表达。丰富多彩的肢体语言大大弥补了有声语言在表达上的不足。

在你用语言表达时，尽管已经准确无误，但是听众未必都能理解。如果用肢体语言给以补充，语意表达传神到位，会让听众更清楚。比如，把手指放在嘴边，示意不要说话了。

我在实战中，总结出运用肢体语言的八字口诀：简单、对称、重复、夸大。简单的动作，听众容易记住，明白表达什么，但是只有简单是不够的，需要有对称的动作，最简单的就是，左手拿麦，隔一段时间换到右手。如果在台上的动作幅度很大的话，下面的听众接受概率也会很大，反之则不然。

有一次，我在给一家企业做培训时，让大家做了一个练习：他在台上说话，让下面的人根据他说话的内容作动作。这个练习非常成功，很多人发现，即使自己不说话，也能通过肢体语言把内心的思想表达清楚。

我认为，做任何事情，都要有自己的方式。有很多培训师都在模仿别人的肢体动作，这是不对的。如果你总是生搬硬套别人的东西，模仿别人的方式，你的灵魂就不存在了。没有了内在，你和一台复印机还有什么区别呢？所以，不要一味地去模仿，要有自己的有个性的东西。

我准备在退休之前培训出108名讲师，每年培训36个，这些人都是从全国海选出来的精英。很多人问："你培养出来的108名讲师和你一样吗?"我回答："绝对不是。108名讲师都有自己的风格，都有自己的特长需要发挥。他们要是都和我一样，就糟糕了。因为我只教会了他们怎么去模仿别人，却没有教会他们怎么做一名优秀的讲师。所以，每个人都要有自己的模式和风格，开始的时候可能有一点模仿，但是一段时间后，就会有自己的风格。"

我在大量的实战中，总结出以下四个基本动作，作为肢体语言在演说时配合使用。

①拍手。可以引起大家的注意，这个动作不能常用，否则，大家觉得不是重要的事情，你就拍手，以为拍手是你演说的习惯。

②握拳。表示对自己有信心，大家也会对你的理念有信心。

③切剁。表示你对某件事情特别肯定和赞同的态度，并且感染你的听众也赞同你的观点。

④抚平。可以带动大家对某一个观点或某件事情持认可的态度。表示认可后，就可以结束对这个问题或者事情的讨论，接着向下进行。

肢体语言是根据动作、手势、眼神、表情的变化，来表达各种语言和情感。运用肢体语言，能为你的有声语言添加丰富的内容和吸引力，表达语言表达不能及的地方。

不用体态语，会使声音显得呆板、毫无吸引力；但是用得太多，会显得轻浮不稳重。因此，肢体语言首先要自然、得体，不做作。说话、演说、辩论时候都要用到肢体语言。要求讲话者表情自然，动作大方得体，要表现出讲话者的风度，赢得听众的好感。

肢体语言的运用，要讲究正确的时机。在恰当的时候，眼神、表情、动作能够帮助说话者传情达意，表达说话者的思想和内涵。肢体语言要求说话者不要太过于拘谨也不要太过于夸张，要恰如其分地帮助、弥补、强调、代替有声语言。

1. 眼神的训练

（1）眼神交流八法

①前视：就是向自己的正前方注视，常用于对现场的掌控。

②环视：就是向自己的周围一圈进行关注，常用于对现场的掌控。

③侧视：向后方比较远的观众注视，可以表示对后方观众的注意，可以起到提醒、警示、沟通、强调的作用。

④点视：当发现某些观众有骚动或异常情况时，可以使用点视来观察，也可以用于对个别人的提醒。

⑤虚视：当演说中非常紧张的时候，可以假设自己的前方空无一人，采用虚视的办法，将目光投向前方来缓解紧张。

⑥闭目：讲到真情或深情的时候，可以采用闭目，如此去做肯定会有很好的效果，更会让人觉得你进入了状态，更容易引起共鸣。

⑦仰视：为了突出表示赞同和认可，可以采用仰视的方式注视对方。

⑧俯视：如果要表达“行了，老兄，你这种做法很不切合实际”这样的意思，可以采用俯视的注视方式。

（2）听众眼神有疑惑的目光，需要再解释一遍

演说不能自顾自地讲话，一定要根据对方的眼神或者大家的反馈来说话。如果有人没听明白，还有疑虑，就再讲一遍。

（3）看鼻梁、鼻心——让他听见，看眼睛——听到心里去

表情态势语训练的注意事项：一是要自然、放松；二是要与所讲的内

容一致。演说的时候要求表情自然放松，一个微笑在先，大方得体在先，热情洋溢，激情满怀，再使用自己专业的知识——才情，这样才能周旋得满座春风，发挥出超乎想象的水平，才能使演说取得成功，而不是玩得高深得不得了，让别人都觉得紧张。

站姿训练的注意事项：一是要站稳，也可走动；二是双脚与肩同宽，手自然下垂；三是身体前倾表亲切。站姿要站稳，也可以走动，即使走的时候，也要脚下有根，让双脚与肩同宽，手自然下垂，给别人一种顺眼的感觉，让别人觉得看你很顺眼，才能让人觉得你做什么都好。

2. 手势的训练

手势不练不成形。没有练过的人，大都会手足无措，不知道手往哪儿放。或者根本不知道怎么做手势。心里明白手势的好处，但是做不出，怎么办？

唯一的办法：多练。演说的内容千变万化，手势和表情也千变万化，从哪儿学习呢？首先要掌握好三动的原则：生动、仿动、同动。

“生动”就是要从生活中找动作。比如，用大拇指来表达成功，很贴切，别人一看就明白。

“仿动”就是模仿各种事物的外形来找动作。比方说，“我们要下定决心做，不怕牺牲，克服万难，争取胜利”，四句话做一个动作，都是手握拳头重复地上下挥动，这就是重复的动作。但是重复的动作，让人感觉不舒服，视觉上很单调。由此看来，有些人讲话动作不是太多，而是重复的动作太多，我们要摒弃重复的动作，学习模仿。

“同动”就是声音和动作要同步。手势就像指挥棒，我们在舞台上合唱，指挥家在前面用手指挥，大家的声音就和他的手势同步。要做到手口同步，就要先把手举起来。因为做动作的过程要长，而语言出口过程短。

（1）手势训练的注意事项

手势的训练要点和原则可以用四个字来概括：自然、协调。具体应用中需要根据场合灵活调整使用，一般有以下注意事项：

①上、中、下三躯的运用。

②场面大，手势大；场面小，手势小。

③肩发力，表示力量；肘发力，表示亲切。

④手势应该停留足够长的时间。

⑤记忆里应存储3～5个手势。

（2）手势的使用技巧

以手伸出后在身体前的大致位置，可以将手势分为上、中、下三躯。上躯即手伸出后位于胳膊伸直后的位置之上，中躯则指手伸出后位于胳膊伸直后的位置之下，但又处于腹部之上，而下躯则指手伸直后位于腹部之下，手势的使用技巧，可以归纳为以下几个要点：

①手势很重要。

②肩部以上叫上躯。

③肩腹之间叫中躯。

④腹部以下叫下躯。

⑤上躯表示号召。

⑥中躯表示叙述。

⑦下躯表示鄙视。

（3）手势躯位使用的练习

手势分上、中、下三躯，躯位的使用需要和场景相结合，在使用时，一般有一些需要加重的语调或关键词，当说这些关键词的时候，就可以同时配合以手势，下面就是一些相关练习：

①一只手，手心向上——中躯

例如，描述语句“我早期的生活经历像流动的小溪，我在里边尽情玩要”，在这个句子中，为了突出其中的“流动的小溪”，就可以一只手手心向上，将手放置于中躯来达到这个效果。

再如语句：真情、荣誉、正义是他的动机。要突出关键词“正义”，也可使用这种方法。下面的手势躯位练习中，配合手势练习时需要加重的重点词，请使用黑色下划线标注。

②两只手，手心向上——中躯

例句1：向所有的人宣布这一消息。

例句2：让我们奏起欢乐的音乐，跳舞吧！

③一只手，手心向上——上躯

例句1：乐曲的音调越奏越高。

例句2：攀登吧！无限风光在险峰。

④两只手，手心向上——上躯

例句1：你这美丽的国土，我又回到了你的身边。

例句2：欢呼、跳跃吧！我们成功了！

⑤一只手，手心向上——下躯

例句1：伟大的人物也是躺在他们倒下的地方。

例句2：他这人太卑鄙了，无法和他相处。

⑥两只手，手心向上——下躯

例句1：高大的建筑物突然陷入地下。

例句2：仁慈的人大声疾呼：“和平！和平！”但是没有和平。

⑦一只手，手心向上——中躯

例句1：月光洒落在小溪和树林上。

例句2：沿着这寂寞的小路他快步走去。

⑧两只手，手心向上——中躯

例句1：死一般的沉寂笼罩着大地。

例句2：她轻轻地躺倒在草地上，仰望着蓝天。

⑨一只手，手心向上——上躯

例句1：风助火势，火乘风威，火苗越蹿越高。

例句2：他们对城市即将面临的危险丝毫不知。

⑩两只手，手心向上——上躯

例句1：夜幕笼罩了群山。

例句2：环绕他的四周，升起了无形的墙。

不管在什么地方讲话，假如有语言参照的话，要把所讲的话中的重点画横杠，然后在表述的时候重点表达。在表达任何语言的时候，也应该刻意地使用一些手势语言，例如对母亲表达“妈，您炒的菜太好吃了!”这时就要手舞足蹈，“妈，今天是您的生日，让我为您唱支歌吧!”这种感慨也要敢于表达。在生活当中，“人生是条单行线，一江春水向东流”，该表达的爱要尽快地表达出来，该表示歉意的地方也应该随时表达出来。

> 有一首小诗：
>
> 一直以为，幸福在远方，
>
> 在可以追逐的未来，
>
> 于是，我的双眼保持眺望着。
>
> 我的双耳仔细聆听着，唯恐疏忽错过。
>
> 后来才发现，
>
> 那些握过的手、唱过的歌、流过的泪、爱过的人，
>
> 所谓的曾经就是幸福。

因此，一定要珍爱自己的生命，从容不迫地往前走。幸福在哪里？就在来时路上那点点滴滴，成功是预期结果的获得，不论大小，不论多少，只要获得，就是幸福。

有了这种心态，则生活的快乐就能渗透到话语中，说话就能够充满激情，态势语言也就能“相由心生”，就能实实在在地感动听众，就能使演

说取得成功。

3. 态势语的原则

态势语的原则是：一切做开放式动作，除非特定内容，一般不做封闭式动作。

除非特定内容不做封闭式动作，这就要求做大气的动作，大大方方地表达，要挥手就挥出去，要举手就举起来，洋洋洒洒，这是一个基本的原则，因为态势语包括肢体语言的很多成分，头仰到什么程度代表什么，攥着拳头又代表什么，在进行训练的时候，可以先不考虑这些因素，尽量地放开自我去表达。

“手舞在先，眉飞在后”，在实际训练时，我们要以练手势为主，面部表情为辅。在做动作的时候，面部表情自然也跟着配合。以“手舞足蹈”带动“眉飞色舞”。

第四节　口语表达训练

发声与正音训练的目的是获得良好的音质，说出标准的普通话。人的声音是由声带振动后产生的，所有声音的产生都需要振动，发声要具备以下三个条件：第一，要有发声装置，以二胡为例，它的发声装置是琴弦；第二，要有外力装置，例如二胡发声的外力是琴弓子；第三，要有共鸣装置，例如二胡发声的共鸣装置是琴筒。

人的发声系统是声带。外力装置是呼吸，通过呼吸冲击振动声带发声，共鸣装置则是口腔、咽腔、胸腔、鼻腔等许多部位，就像一套音响设备。

通过训练，可以使自身拥有良好的音质，这样才能说出标准的普通话，没有良好的音质，没有正确的训练方法，试图学习标准的普通话是不可能的。

1. 发音训练：练气、练声、练吐字

（1）练气

发声训练就是说话训练，说话与唱歌相似，都是以气托声的，要有气力支持，所以练气的过程就需要分解为吸气、呼气、补气三个内容。

第一，吸气。在中国传媒大学的播音系里，凡是训练声音的人，都有很严格的系统，本科四年中有好多训练的内容，例如吸气要气沉丹田，就是要吸到好像裤子要掉似的，让肚子瘪下去，胸腹胀起来小腹收缩，然后胸张开，尽可能地张开。这里有一个注意事项，就是吸气的时候，不要耸肩，不要提肩，吸气的时候可以想象闻花香，想象3米之外，有一束玫瑰花含香带露、芬芳四溢，而自己则要把这些香味全部吸入腹部。

第二，呼气。呼气的时候，要尽可能从底下控制，不要一下吹完，可以想象呼气的时候是在吹蜡烛，想象3米之外有一支蜡烛在燃烧，需要呼很长时间的气才能将其吹灭。通过吸气和呼气的练习，在播音过程中，或在讲话过程中，或做报告的时候，如果需要讲很长的句子，就可以通过吸气呼气来控制，以便能将其一口气表达完。

第三，补气。在表达更长的句子时，如果一次吸气或呼气不能将其说完，就需要用补气的方法。补气一般是让气流冲击声带使其振动，专业的名词是“发气泡音按摩声带”，练到一定程度，气流冲击声带，就是类似打呼噜的效果。

（2）练声

练声训练就是预声带、练嚼肌、挺软腭的过程。在正式讲话之前，一定要先进行预热，要让声带进入状态，例如，可以找一本书，字正腔圆地

去念，调整好心态，把微笑表情也调整到最自然。可以想象面前有一朵美丽的花，要使用语言来赞美它，在这样的心境中调整表情，使自己进入最佳状态，才会有最好的成绩，时刻保持心理是灿烂的舒展的，人生才能舒展灿烂。

在日常生活的空余时间，也要经常练一练、喊一喊，对声带进行预热，练嚼肌，张开口嚼，再闭口嚼，然后活动活动腮帮子，让它自如一些，为了让嘴部的肌肉得到充分的运动锻炼，可以学鸭子“嘎、嘎”地叫，只有长期锻炼，声音才会产生共鸣。

（3）练吐字：字头、字腹、字尾

在曲艺界，学生要从小拜师学习相声，那些传统段子要倒背如流，发声的时候要在短短的一个字或一个字节里，分为字头、字腹、字尾，要求咬紧字头，带响字腹与字尾，“咬字千斤重，听者自动容”，要用心用生命讲话，只有这样才能特别打动人。

不管是专业的演说人员，还是非专业的演说人员，很可能在多次长时间的演说之后嗓子变哑，这时就会缺乏气力支持，没有气力支持，表达出来的有声语言就像水上的浮物，会让别人觉得空乏无力。因此要经常练呼吸，先不要管现在的声音好听与否，把这些好的方法像吸气、憋气，憋住它，憋到不能再憋的时候，缓缓地呼出，想象在吹灭一支蜡烛，通过这样长期的训练，才能克服缺乏气力的问题。

日常生活中有两个肺活量训练的办法：

①深呼吸、憋气、坚持、慢呼。先深吸一口气，然后憋一会儿气，接着坚持一段时间，最后慢慢呼出来。

②吹蜡烛、5 米棒。

演说人员除了要加强肺活量的训练外，还需要进行声音响度的训练，最好的训练方法就是在清晨或者是爬山的时候，在气喘吁吁中大声讲话。这种训练犹如田径运动员为了跑得更快，腿上绑沙袋一样，超负荷地去运作，长期负重训练以后，当沙袋解开的时候，就能跑得更快。在气喘吁吁上气不接下气的时候去大声说话，提高自己的声音响度，在恢复到自然状态的时候，就会自然而然地使声音响度得到提高。所以说，声音响度训练最好是在清晨跑步或爬山时，在气喘吁吁中高声说话或背诵文章。

2. 正音训练：方音辨正、绕口令、活舌操

正音有以下两方面含义：学会用普通话演说，最佳办法就是找出自己的方言与普通话之间的声母、韵母、声调方面的对应差异，改善之。针对吐字含混不清、不能归静的情况提出训练要求：由慢到快绕口令，坚持做活舌操，进行方音辨正。

使用诙谐幽默的语言能让自己的表达取得意想不到的效果。

有一次，外国记者想取笑中国人，对周恩来总理提出这么一个问题："请问总理阁下，中国人走路为什么都低着头，我们西方人走道从来都是抬着头。请问，这是怎么回事?"周总理一琢磨，发现了这个记者的意图，就对他说："我告诉你啊，这说明中国人民在走上坡路啊，在上坡的时候我们攀登，重力前移，才能往上攀登，你们这样是在走下坡路的。"

还有一个记者又问道："请问总理阁下，中国人为什么管自己走的路叫马路?"总理很洒脱地说："中国人民走的是马克思列宁主义道路，简称马路。"

在尼克松访华的时候，他们在周总理办公厅的办公桌上看到了一个美国生产的派克笔，于是记者又问："总理阁下，您也用我们的派克笔?"总理说："不好意思啊，这是朝鲜战场上缴获的战利品啊。"总理以他幽默智慧的语言，使得这些刁难的记者无言以对。

(1) 方音辨正

方音辨正是指由方言变为普通话的过程。普通话演说训练要求找准自己的方言与普通话之间的声母、韵母、声调方面的对应差异，然后针对问题进行改善。

普通话的训练不是一蹴而就的，只有长期坚持不懈地训练，才能使发音得到纠正和提高。方音辨正可以从以下三个方面进行辨正：

①声母辨正：Z C S ZH CH SH N L 等，例如通过对单词“支持与字词、实说与思索、哪里与拉犁”等容易混淆声母的发音练习，由慢而快地练习准确发音。

②韵母辨正：EN ENG AN ANG UN ONG 等，例如单词“认真与人证、安全与昂扬、温暖与隆冬”等就是韵母辨正中容易出错的发音。

③调值辨正：阴、阳、上、去、轻声。例如“妈、麻、马、骂、吗”这几个词，发音都是 MA，但调值不同，所代表的字也就大不相同，需要通过多次反复地练习发声来进行区别。在训练的过程中，可以借助类似“妈妈骑马，马慢，妈妈骂马，妞妞骑牛，牛扭，妞妞拧牛”这样的绕口令来练习。

有一个故事，讲一个哈佛大学的经济学博士在墨西哥海边上看海景时，看到一个渔夫摇桨拨橹，划着一个小船过来了，他就想，这么简陋的设备怎么能打到好鱼。

于是他跟这位渔夫简单地寒暄几句以后，问对方用多长时间打的鱼，对方说没用多长时间，他又问：“你今天怎么不用很多时间去打鱼？”渔夫回答：“我打的这些鱼已经够我一家老小生活得很好了。”他接下来又问对方剩下的时间干什么，渔夫说：“我回去跟我的孩子们玩一会儿，中午跟老婆睡个午觉，傍晚的时候到镇子上去跟朋友们喝喝酒，玩玩吉他。我过得很充实，很快乐。”

这个经济学博士说："我是学经济的，我跟你计划一下。你每天多拿一点时间去打鱼，那你就能打很多鱼，打鱼多了就有了更多的钱买个好船。有了好船就能打鱼更多，然后你就可以建一个船队。这样的话，你就可以在墨西哥城买房子，到城市居住，你还可以到海边去居住，也可以优哉游哉地跟你老婆睡个午觉，然后跟孩子们玩，到小镇上喝个酒。"结果这个渔夫说："转了一圈之后，还不是回到了我现在的这种生活。"

人类社会就像生、旦、净、末、丑，神仙、老虎、狗，一个人要成为什么样的角色，是由自己准备的，就像天平的两头，要付出与之对等的代价，要去感悟人生，要充满热情的训练，只有对自我充满热情，这种简单而枯燥的训练才能取得成功。

（2）绕口令

①作用：在口才、口语训练中既有趣又有效。对纠正发音、锻炼舌肌十分有益。

②程序：由简到繁、由短到长、由慢到快。

③要求：清、准、快、连，也就是清晰、准确、快速、连贯。

对面有个白粉墙，
白粉墙上画凤凰，
先画一只黄凤凰，
后画一只绯红绯红的红凤凰，
红凤凰看黄凤凰，
黄凤凰看红凤凰，
红凤凰，黄凤凰，
两只都是活凤凰。

（3）活舌操

活舌操是口语表达训练里的一个重要环节，是能锻炼舌肌的口腔操，坚持日久定会巧舌如簧、口齿清晰流畅。活舌操共分七节，其要领是：

第一节：嘴微开，舌尖抵上齿背沿上腭向后钩。

第二节：舌尖抵下齿背，舌面拱起沿上齿往外突，同时，用上齿轻叩舌面。

第三节：双唇紧闭，舌尖顶左腮右腮，左右开弓，由慢到快。

第四节：舌头沿上下齿外围转圈，顺时针转几圈，再反时针转几圈。

第五节：将舌头伸出嘴外，舌尖向上卷，目标是够鼻尖。

第六节：嘴张开，让出空间让舌头做伸缩运动，做弹舌状。

第七节：嘴半张，伸出舌头做水平横向运动，使两边舌缘分别触到两边嘴角。

活舌操的练习要求严肃认真、一丝不苟，常练活舌操的人，可以使得肠胃溃疡不再溃疡，口气也会清新起来，家庭幸福指数也会提高，好处很多，越练人的表情越生动，讲话办事更加周密，促进表达也最有效。

3. 朗读式训练法

朗读式训练法的核心就是速读，这是美国前总统林肯使用的训练方法，其主要内容就是通过朗读锻炼口才。做法是“低声→高声→快速→模仿角色→面对听众”，也就是在开始阶段，先用低声速读，练习到低声速读不存在问题时，使用高声阅读，等高声阅读运用自如时，就使用快速阅读，然后再练习进入角色，模仿角色进行阅读，最后面对听众阅读，如此训练使林肯获得了空前的演说能力，也是他由律师迈向总统宝座的重要基石。

电视剧《亮剑》中有很多适合速读的经典台词，例如：

（对战士）我们团要像野狼团，我们每个人都要是嗷嗷叫的野狼！吃鬼子的肉，还要嚼碎鬼子的骨头。狼走千里吃肉，狗走千里吃屎，咱独立团啥时候吃肉，啥时候改善伙食啊？那就是碰到小鬼子的时候！（战士哈哈大笑）

这段语言具有煽动性，马上就把独立团战士低落的士气给煽动起来了，让战士克服了对鬼子的畏惧心理，鼓舞了八路军战士的斗志。

海尔总裁张瑞敏讲过一句话："人生在世，都愿意做一个不简单的人。"什么叫不简单？把简单的事认认真真地做好，这个人就不简单。什么叫不容易？把大家公认为特容易的事情认认真真、兢兢业业、不折不扣、任劳任怨地去做好它，这个人就不容易。

所以，干什么事都要进入角色，而进入角色要有很好的心态，懂得"人生在世定位很重要，不因自卑不到位，不因自傲常越位"的道理，对速读训练非常有益。

所以演说的时候，要想更具感召力，更有影响力，嘴说到什么的时候，脑袋就要像过电影似的有画面感，让这些画面在脑海中流淌，深深地影响自己。

动物世界中很多台词都能让人产生画面，例如，"夕阳西下的非洲大草原，富饶辽阔美丽多姿，碧绿的青草散发着迷人的幽香，各种动物在尽情地奔跑着、跳跃着，一切都显得那么生机勃勃。"

再如贺敬之的《桂林山水歌》："云中的神啊，雾中的仙，神姿仙态桂林的山，情一样深啊，梦一样美，如情似梦漓江的水。"诗句文情并茂，是值得反复练习的典型训练内容。

通过这几段台词的演练，进一步说明进入角色是很重要的，每个人在世上都有很多的角色，此刻是老师，另一刻是学生，在妻子的眼里是丈夫，在儿子的眼里是父亲，在父亲的眼里是儿子，因此一个伟大的人提出来“心态好，事业成，不成也成；心态坏，事业败，不败也败”。成败在于心态，成败在于每个人自己。

4. 梯级陈述训练法

梯级陈述训练法包括以下四个方面的内容，每个内容都有其特点和要求：

第一，复述。是直接地用口头阐述，好似鹦鹉学舌。

第二，描述。是逐步摆脱依托材料并注入主观想象和感情色彩的陈述训练，做口头文章。

第三，解释。是由外在的形象性描绘转入内在机理的说明性训练，像读产品说明书。

第四，阐述。是梯级陈述训练的深化，要求善于概括，达到口述电文的程度。

第五节　演说练习八法

荀子曰：“君子生非异也，善假于物也。”人生来都是一样的，聪明的人只是善于利用工具或者方法来达到自己的目的。演说训练也需要借助于“物”。这个“物”就是我们所说的方法。

演说训练八法指速读法、背诵法、练声法、复述法、模仿法、描述法、角色扮演法、讲故事法八种训练的方法。

演说不是天生的，而是后天锻炼的结果。只要我们不断对自己的演说注重、加强、提升，我们就会拥有出色的演说水平。自己不妨每天都讲一些话，在练习中纠正自己的错误。

1. 速读法

速读法是通过快速阅读以提高演说的训练方法。

这个方法简便易行。准备一段新闻，迅速看完一遍，然后大声念出来。第一遍可以念得慢一些，以熟悉新闻的内容，之后逐渐加快速度，并达到最快的速度。

按照这个方法练习，能锻炼出伶俐的口齿、流利的说话能力、迅速的反应能力。说话不利索的人可以用这个方法来修正自己的短处。

2. 背诵法

背诵法，即通过背诵来锻炼记忆和表达的训练方法。

背诵也是培养演说的一个好方法。背诵不仅要记忆全部内容，还要能够诵读。在背诵中能够积累更多的话题素材，填补自己关键时刻的大脑空白。“熟读唐诗三百首，不会作诗也会吟。”出口成章的原因是因为你平时通过背诵，大脑里积累了大量的内容。

背诵要像朗读一样，把文章用声音表现出来。声情并茂，不仅能够深刻理解作品，而且能够将作品更深地印在脑海里。背诵时，需要满足五项要求：背诵前，首先要理解作品的含义；背诵要用标准的普通话，发音、吐字准确；背诵过程中，语句要流利，加强语音、语调、停顿重读等技巧的提高；背诵要投入感情，以情动人；背诵时，要加上一些肢体语言，以增加感染力。

3. 练声法

练声法，即像歌唱家一样通过练声调嗓子，使自己的语气声调能有所完善的训练方法。

4. 复述法

复述法是从书面表达向口头表达转移的一种训练方法。复述法分为提纲式复述、细节式复述、完整复述。好似“鹦鹉学舌”，一般包括四个方面的内容：复述→描述→解释→阐述。

复述概括法不需要一字不差，但是要抓住重点进行概括。复述概括法能够训练听说能力，重点是加强口语表达，说话时重点突出，并具有连贯性和整体性。

在练习时，需要别人帮忙。先让别人把选好的文章读一遍，认真听，并记忆内容。然后根据你的记忆复述一遍。接着让别人再重新读一遍，看看自己有没有遗漏，再复述一遍。反复地听，反复地复述。

在练习时，不需要一个字一句话全部不漏地记住，主要记住文章的主要内容，抓住基本情节即可，不要在意是否记住了某一句话。

在练习时，要灵活运用自己的语言来描述，能够准确把握文章的中心思想，意思上可以小有出入，但是表达的意思不能和原文产生矛盾。

要注意语言的整体性和连贯性，提高口语表达能力是关键。在练习时，不要急于求成，要掌握难易程度，循序渐进，勤加练习。

5. 模仿法

模仿法，即通过学习别人的声调，或学习其他各种发声来锻炼模仿能力，从而提高演说表达的训练方法。

在电视中，不乏演说出色的人，选择一个你喜欢的人，去模仿他们说话，吸取他们的优点，在模仿中学习、进步。只要我们勤加练习，时间一久，就能侃侃而谈、滔滔不绝了。有几类人可以参考成为模仿对象。

（1）广播电视节目播音员和主持人

这些主持人大多数科班出身，受过正规的说话训练。他们说话字正腔圆，反应敏捷，词汇丰富。你可以模仿他们的吐字发音技巧，注意他们的语速。

（2）影视作品中的经典对白

很多影视剧作品中，很多人物或者激昂陈词或者侃侃而谈，给观众留下了很多经典难忘的台词。我们可以模仿那些经典对白，注意演员的语气，学习他们的语音、语调，同时注意他们的肢体语言，模仿你认为很好的表情和动作。

（3）生活中演说好的人

相信在你身边，肯定有很多演说好的人。你可以“近水楼台先得月”，模仿这些人。随时随地地模仿身边的人，注意他们的神情、动作，将他们的话记在心里，为自己谈话积累素材。

在模仿时，要有分辨能力，知道哪些是好的，该学的，哪些是不好的，不能模仿的。模仿的原则是吸收优点，完善自己，摒弃不好的东西。在模仿中进步，最终形成自己的个性。

6. 描述法

描述法，即在复述的基础上加入部分感情色彩，属于复述法的分支。

情景描述法是指将你看到的事物、人物、风景用自己的语言描述出来，重点培养语言组织能力和描述能力。简单地说，就是我们上小学刚开始写作文时的看图说话，但是要比看图说话要求得多。运用场景可以是亲身经历的，也可以想象，创造场景。

场景描述法适合于平时的聊天，这种方法要求观察周围的事物，并抓住事物的特点进行描述。在描述过程中，尽量使语言生动活泼、富于文采，不能简简单单、空洞，三两句话完事。比如描述一位女明星的美时，不能堆砌一些空洞的感叹，要抓住重点，像皮肤好、身材好、眼睛大等，然后用形容词来点缀，再加上周围人的骚动来加以烘托。

7. 角色扮演法

角色扮演法，即将自己想象成为角色本身，然后来进行表达的训练方法。

角色扮演法可以设置一个交流的场景进行实战演习。有很多场景可以用来模拟，比如：面试、会议主持、打电话、谈判等，设定这些场景，能让人有身临其境的感觉，有针对性地进行对话练习，培养语言适应能力。通过练习，可以在实战中随机应变、灵活应对。

8. 讲故事法

讲大道理不如引用一个小故事更能说明问题，让大家走得更近。讲故事法可以使用原来的故事，也可以根据现场需要临时编排，需要注意的是，故事只要能表述自己的意思就可，但一般以流畅、通俗易懂为佳。

以“老虎不在家，猴子称大王”为主题，可以讲这样一个小故事。

山里头有一对老夫妻养了一头驴子，这头驴膘肥体健，被山里的小偷和老虎同时惦记上了。在一个月黑风高的晚上，老虎来吃驴，纵身一跃翻到了院内，刚一着地就听到老两口在对话。老太太说：“老头子啊，门闩好了没有？我听外边有响动，不要让老虎进来把咱们的驴吃了。”老头说：“哼，老虎倒不怕，就怕下雨时间长了屋漏。”老虎刚一着地，听到老夫妻说老虎倒不怕而是怕屋漏，便开始琢磨屋漏是什么东西。

这时候小偷来偷驴，蹑手蹑脚进来以后看见一个庞然大物，于是纵身一跃跳上虎背，老虎以为这是屋漏，撒腿就跑，小偷则觉得这只驴马力强劲，特别高兴。但是在天蒙蒙亮的时候，他发现胯下不是驴而是老虎。于是在路过一棵树下的时候，小偷纵身一跃上了树，老虎觉得背上轻了，但也不敢停下来，于是继续跑。跑到深山碰到小猴子，猴子说："虎大王，何事惊慌？"老虎把碰到屋漏的事一五一十地讲了一遍，并说给吓得够呛。猴子很聪明，说："虎大王，我认识屋漏，您带我去看看，如果是屋漏，我就冲你眨眼睛，然后你再跑不迟；如果不是，别让它们把你蒙了。"老虎觉得有道理。于是猴子大摇大摆地骑上虎背往回走，走到树下的时候，看见这个小偷还在树上直打哆嗦，猴子觉得果然不出所料，想到平常老虎总欺负自己，要借这个机会敲打敲打老虎，于是跳下虎背给老虎直眨眼睛，老虎吓得赶快又跑了。

一个星期之后，老虎在山里又碰到了猴子，就问："哎，猴子，那屋漏呢？"猴子说："屋漏谁都不怕，就怕我猴子。"虎大王觉得屋漏怕猴子，于是要让出宝座给猴子，双方百般推辞，最后达成共识，说老虎不在的时候猴子当大王，这就是"老虎不在家，猴子称大王"的来历。

由上可知，引用一些类似的小故事来引出我们要表达的内容可能更有吸引力，更能说明问题。

第四章
内容的组织与准备

第一节　演说主题与演说稿的设计

1. 根据听众需求来设计演说稿

要想成为演说高手，必须具备推销能力。因为在演说中，你的每一句话，每一个故事，只有运用推销技巧，才能将你说的内容深深地植入听众的脑海里。

如何把你的思想放进别人脑袋里？要用问答的方式，学会一步一步引导听众。所以演说最重要的一个技巧就是多提问。因为你说的，听众不一定相信，但是你问的，听众自己说出来的，效果就不一样了，听众相信他们自己说的话。

如果你不了解听众需要什么，你准备的内容可能是错误的；如果你不了解听众有什么问题，即使你在台上讲得唾液横飞，也不能帮他们解决真正的问题；如果你不知道如何引导听众，如何让他们对你所讲的内容产生兴趣，那么你演说起来就会很费劲，很吃力。

所以，你不仅要根据听众的需求和兴趣来设计演说稿，同时还要根据不同的场合、不同的团体、不同的听众来调整演说的内容。

2. 演说主题要明确

演说的主题该怎么定，对于演说来说非常重要。有的人演说时，一上台就滔滔不绝、天南地北地讲，如果不打断他，估计给他两天的时间，他都讲不完。

这种没完没了地讲，问题出在演说前没有确定好主题，演说时没有选择与主题相关的事件进行阐述。没有主题的演说，只会让人听得昏昏欲睡。

演说的成功之处在于主题吸引人。市场是被主题吸引来的，所以你要定好主题。否则，再好的内容也无人问津。

3. 演说标题要有吸引力

什么样的标题才是最具吸引力的呢？答案就是，你了解市场要什么，才可以定标题。

> 为什么在时装杂志里那些世界一流的品牌，企业不直接拿服装做广告，而是花巨资请模特做广告呢？
>
> 为什么知名化妆品的厂家不直接拿化妆品做广告，而要请漂亮的女明星做广告呢？
>
> 其实这是在卖好处：告诉你穿了这个品牌的衣服也能像杂志上的模特一样有个性、有气质；你用这个品牌的化妆品也能像电视上的女明星一样美丽。

定标题时，应该将内容的关注点聚焦在怎样才能给顾客带来好处上，而这个好处又是顾客想要的。所以定标题的时候，你首先要调查听众需要什么，然后将你要讲的内容尽可能地贴近这个需求，这样定出来的标题就是成功的了。

简而言之，标题就是将好处概括成一句话告诉给听众。要取一个具有吸引力的标题，就要理清以下问题：你要问自己，听众为什么应该来听你演说；他们为什么不去听竞争对手的演说。比方讲，听演说的人是一些老太太和老大爷，而你演说的主题却定为“如何实现梦想”。你认为这样的主题对他们来说有吸引力吗？当然没有。

对于老年人来说，他们更关心健康和晚年生活。这时，你将主题定为“如何预防高血压（心脏病、糖尿病）”，可能会引起他们的兴趣。或者定为“你知道你的健康亮起红灯了吗”“如何其乐融融地享受祖孙三代同堂的日子”等，这样的标题也可能打动他们。

如果今天来听讲的是大学生，你就不可以把主题定为“如何预防高血压”“如何教育小孩子”之类的。因为这些问题不是他们这个年龄的人最关心的，所以很难让他们产生兴趣。对于他们来说，或许像“如何在职场中无往不利”“如何赢在起跑线上，进入社会克敌制胜的秘诀”这样的主题更具吸引力。

4. 题目要“新”，题材要“精”

演说的主题要有时代感，体现广大听众喜欢的话题，针对听众喜欢的话题来选题，才能发表自己的独特观点，让听众耳目一新。选题要有内涵，才能让人内心产生震撼，如果过于浅薄、内涵不深，容易让听众失去兴趣。

演说的题目能画龙点睛地概括主题，直白的、修饰的都可以。比如《高速发展的计算机网络》，主题一目了然；《奏响美的乐章》，属于象征性的题目。

题目要积极向上，鼓舞人心，比如《以民族昌盛为己任》属于培养价值观不可缺少的教育内容。而《大学生和农民工的区别》充满了悲观消极的味道，表现了错误的职业价值观。

题目让听众产生兴趣是最基本的功能，可以用明确的言语来吸引听众，从而跟着演说者的思路走。比如《中国可以说不吗?》用问题来勾住听众的心；而《论 21 世纪大学生的责任》是一个呆板的题目，失去新鲜感的主题。

题目不能宽泛，要对具体问题有针对性。比如《怎样提高演说的感染力》便于直抒胸臆，而《我的大学》让高尔基用这个题目整整写了一部自传。

题目要新颖，新颖才能醒目，用简洁有力的词语表达强烈的感情色彩。比如《老而不死论》，鲁迅语不惊人死不休。再比如《为了中华腾飞而努力拼搏》就是冗长的套话。

演说的材料就是演说中所要用来说明主题的事实。通过观察，可以发现有创意的材料。演说者需要掌握三个技巧：首先，多而不乱。演说的大部分过程都是借事说理。多搜集，再精选。其次，新而不朽。尽可能地与当前生活结合，才能吸引听众。最后，真实而典型。切不可为了一时的“哗众取宠”就道听途说、无中生有。真实的材料还要有典型的意义，还要具有代表性和说服力，去证明演说的主题。

第二节　演说稿的谋篇布局

一篇好的演说稿，不仅要有好的题目跟素材，整篇稿子的谋篇布局也很重要。如何开头，如何结尾，如何安排中间的结构，这些都影响到演说稿的质量。

1. 开头：百花齐放、因人制宜

一个好的演说开场白，能够迅速抓住听众的注意力。一个成功的演说，开头不拘泥于一种，而是千变万化、美不胜收的。有点题式、举例式、提问式、警句式、幽默式、悬念式、实物式……

例如，某集团推销它们的老年保健品，会场上，邀请很多的老年人参加。主持人一个简洁的开场白之后，请出某著名人物洋洋洒洒地上台。

在会场的门口，摆了很多这个著名人物的书，这个著名人物对大家说："七十不算老，八十岁尚小，活到一百岁，正是风光好，我祝愿在座的各位叔叔阿姨都能成为健康的百岁老人。"

这些老年人听了之后，觉得这首小诗非常好，当然现场的气氛也很活跃。这就是因人制宜的策略，实际上也是投其所好沟通的重要诀窍。

2. 结尾：可长可短、力避拖沓

成功的演说在于，整个演说犹如画龙，而结尾部分犹如点睛，最后的也是最重要的。好的结束语总让听众觉得言犹未尽、回味无穷。

结尾可长可短，演说中一定要有结尾的概念，结尾的时候要扬上去，做好承上启下的一环。常见的结尾方法有：总结要点、鼓动号召、幽默、引用名言诗句、提问、抒情……

有一个主题演说题目叫《走向成功》，整个演说强调的是微笑、热情、激情、才情、人情，在结束的时候朗诵一段《羊皮卷》的内容，强调坚持不懈直到成功，积极的人像太阳，照到哪里哪里亮；消极的人是月亮，初一十五不一样。最后，送给大家一副对联，上联是：心态好，事业成，不成也成。下联是：心态坏，事业败，不败也败。横批是：成败在你。

这个朗诵需要5分钟。尽管演说者的声音很好，音乐也给听众感受很深，但是毕竟有点拖沓，其实可以很简短地进行总结，如果时间宽裕，则可以完整地声情并茂地进行朗读。

3. 写稿：盘点自身、列表取舍

星期天，小两口在家里卧室休息，很想多睡会儿觉。但是突然接到一个电话，同学就在楼下，要到楼上来看看。

于是两人迅速起床，然后将被子、褥子整个装进柜子搁起来，扫地、撑平床单，打开窗户通风，然后到门口迎接客人。

这些柜子的抽屉里头装的可能是内衣或袜子，开开的时候里面可能乱一点，但关上后看起来是整齐的。

写稿强调的就是柜子理论。演说稿的整体框架和所要演说的内容是一定的，但在给不同的人演说时，演讲风格就要有所变化，演说稿要灵活多变，应根据主题的框架，根据材料单，把这些演说素材放到最合适的抽屉中去。

对于一些常表达的故事，常说的道理，要白纸黑字地写下来，不需要的材料则放在备用抽屉里面，然后加上头尾去贯穿。

4. 提高文采：处处留心、咀嚼背诵

提高文采并非一日之功，来自于日常的积累。在日常生活中，听到一句好的话、有分量的话，都要记录下来，让其成为自己演说的材料，融于血脉，随着这种积累的不断增多，文采也自然而然会得到提高。

第三节　如何组织一次演说

如何组织一次公众演说？按照一般活动的议程，可以将一次公众演说分解成七个模块，只要认真准备并实施好这七个模块，则一次公众演说就能很顺利地进行。

1. 明确目的

演说要表达什么观点，怎样表达，表达需要借助什么道具，最后希望达到怎样的目的，这是需要在开始之前事先规划的内容。

2. 确定内容与方式

确定演说的目的之后，就需要对目的的实施进行细化，安排各种准备，包括手稿的敲定，语言文字的推敲，推理过程的严密性，表达过程中需要的配合动作，在演说过程中的移动方式、提问方式、互动方式，等等，都需要进行确定。

3. 确定时间与地点

什么时候进行演说，在什么地方演说，是否有必要提前预演排练，大体的演说时间控制是否合理，这些内容都必须一一考虑妥当。

4. 组织听众

哪些人听演说，他们的文化背景如何，准备的内容是否合理，使用的词汇能否被接受，听众的人数大约是多少，等等，这些因素可以帮助在演说开始之前修正演讲稿。

5. 讲台布置

讲台的布置要美观大方，要与演说的主题相适宜。

6. 选定主持人

使用什么风格的主持人主持活动，包括年龄阶层、文化阶层、性别、影响度等，要综合考虑决定。

7. 演说评判，回顾总结

演说结束后，自己可以在事后观摩录像，对得失进行评判，总结回顾，以期对下次演说有所帮助。

第四节 演说活动中的问题及解决办法

演说的过程中会出现各种各样的问题，这就需要演说者及时合理地去解决。比如台下听众的情绪，能够反映出演说的效果，演说者自身的情绪也会对演说产生影响。情绪的波动来自心理和情感的变化两个方面。在演说时，难免会有压力，适当的压力，是动力的源泉，要把这种压力转变为动力，需要有信心。

用自信心减轻压力。演说者应该在做好充分准备的基础上，心无旁骛地只想演说这件事：为什么要演说？演说达到的效果是什么？这次准备工作还有哪些没有做好？下次应该如何补进？想完这些后，你的注意力就会毫不动摇地停留在眼前的动机和效果上，而不是听众神色各异的言谈举止上。自信地走向演讲台，告诉自己："我已经准备好了！"

用理智克服情感的失控。人难免都会一时冲动做错事，所以要时时保持理智。演说者的情感突然变化，可能是因为演说过于投入，由于自己演说的内容驱使而不能自拔；或者是听众的反应，起哄、嘈杂声等。演说者要让情感服从理智，服从你在最初阶段对整个内容的规划设计，切不可“外动我也动”。

时时不忘与听众保持互动，可以用提问的方式与听众互动，或者巧妙地“投其所好”，说一些让听众舒心的话。还有就是善于煽情。演说者说一些具有感染力、煽动性的话，使听众的情绪被调动起来，从而产生演说者与听众的心理共鸣。

在演说中，未能形成高潮，大多是因为演说词空洞无物，无法让听众信服。演说者应该把演说的过程，看成是一个说服的过程，“动之以情，晓之以理”。

我们看一下甲骨文总裁埃里森的演说词。

> 为什么，我，埃里森，一个退学的学生，竟然能在美国最具声望的学府里这样厚颜地散布异端？我来告诉你原因。因为，我，埃里森，这个行星上第二富有的人，是个退学的学生，而你不是。因为比尔·盖茨，这个行星上最富有的人是个退学的学生，而你不是。因为艾伦，这个行星上第三富有的人，也退了学，而你没有。再来一点证据吧，因为戴尔，这个行星上第九富有的人（他的排位还在不断上升），也是个退学的学生。而你，不是。

这个演说，被称为“历史上最不可思议的演说”，埃里森的这番话，没有让大学生们都去辍学创业做天才去，但是至少让人信服，并不是所有的天才都在学校里，人无论处在什么境地，都要对自己充满自信。

在演说活动中，会遇到各种问题，只有从容、理性、充满自信的演说者，才能克服各种困难，顺利解决演说中的各种难题。下面我们具体来看看这些问题该如何解决。

1. 如何消除恐惧

办法：充分准备、从容面对。

举例：充足准备、深呼吸、短交流、遇到紧张说出来、置之死地而后生。

2. 如何面对质疑

办法：据理力争、先礼后兵。

举例：尊重在先、坚信自己、坚定立场。

3. 如何展现自信

办法：练就金刚钻、应对百样活。

举例：喻怀素、比曲啸、是鼓励乃客观。

4. 如何学习普通话

办法：找准症结、逐渐提高。

举例：王家岗－王府井、女友半年知姓名、没有会说话的男的了。

5. 如何搞好心理暗示

办法：毛遂自荐、舍我其谁。

举例：潜意识杀人法、感冒患者实验、太好了、我能行、“真顺”。

6. 如何推销自己

办法：首战告捷、精神倍增。

举例：万事开头难、不比上青天、一旦钻进去、芝麻开花节节高、小窑洞走出的大演说家。

第五章
提升内容价值和说服力

第一节　塑造内容价值

1. 上台演说，与听众建立信赖感

演说就是做销售，先推销自己，再推销产品。而推销自己的前提就是与听众建立信赖感。

建立信赖感有三步：第一步是破冰，上台后，先向听众做自我介绍；第二步是拉近距离，比如“感谢大家来听我演说，感谢主办单位邀请我来演说”；第三步是对主办单位、领导、听众的赞美，这样做的目的就是让观众喜欢你。

这种情况下，你不必谦虚，也不必羞于启齿。你一定要把这次演说对听众的好处说出来，一定要勇敢地宣传自己。同时，更要把自己最珍贵的个人经验拿出来跟大家分享，因为人们最爱听故事，尤其是个人真实的故事。当然也只有这样，观众才不再说你是王婆卖瓜——自卖自夸。

这种发言模板结构如下：

（1）称呼语、问候语

这个要根据场合的需要。例如："各位老师，同学们：下午好！"或者，"各位专家、各位同行，你们好！"

（2）姓名、家乡

告诉观众你叫什么名字，你来自哪个地方。

（3）演说目的

告诉观众你即将给大家带来多少"令人兴奋"的好消息和资讯。

（4）介绍自己的过去

你曾经的失败，你曾经的困惑，你曾经的无奈。当然，也顺便提一提你过去有过哪些"不可思议"的记录，干过哪些"惊天动地"的大事，创造过哪些"令人叹为观止"的业绩。目的是不断回顾过去，总结经验，抛砖引玉，激励听众。

（5）介绍自己的现在

因为你的真诚，你的执着，现在你结交了多少好朋友，积累了哪些人脉。而你现在是在做一件有意义的事情，有很多人（家人、朋友、贵人、名人）都在背后支持你。

（6）介绍自己的梦想

你所做的事情，尽管没多少人理解，但你很快乐。你甘当默默无闻的老黄牛，一步一步地实现自己的梦想和完成人生的使命。

（7）现场互动

比如：你向听众喊，掌声能不能更加热烈一些？

举例：下面是英才教育集团创始人黄一鸣先生在四川大学演说前的自我介绍。

各位朋友，大家早上好！

非常高兴，今天来到四川大学和大家一起分享交流。在分享之前，我首先给大家讲一个小故事。

2002 年秋天，有一个跟在座各位朋友一样的年轻人，考进了他梦寐以求的大学。但遗憾的是，当时他身无一文。因为他来自一个贫苦的家庭，他还有三个弟弟，他的父母要同时供四个孩子上学。我想问一下在座的各位朋友，一个贫苦家庭同时供四个儿子上学容易还是不容易？（不容易）所以这个年轻人，他决定通过自己的努力来完成自己的大学学业。

尽管他当时一无所有，但这个年轻人对自己的前途依然充满了自信，他相信自己的大学生活一定很美好，他相信自己的人生一定很精彩。于是，他每天早上 6 点钟起床后，第一时间跑到学校的操场上，鼓励自己："我一定要成功，我一定要在大学毕业时赚到 10 万。"然后，他伸出自己的左腿，"刷"！再伸出自己的右腿，"刷"！接着继续大喊："这是多么美好的一天啊，充满了爱、自信、能量、Power"。在座的各位，你们认为这个年轻人在大学毕业时会不会赚到 10 万？（会）恭喜大家答错了，正确答案是不会的，因为他赚了 100 万。大家要不要给他掌声鼓励一下？（掌声）

这个年轻人大学毕业后，做了一个让所有的人都不敢相信的决定，竟然放弃了原来的公司，选择演说事业。而为了自己的事业，他花费了 20 多万元去学习世界大师的成功资讯和演说技巧。

2007 年 3 月，他开始自费到全国高校巡回演说。到 2009 年年底，短短的 3 年时间里，他走过了中国 20 多个大城市，演说了 500 多场，激励了无数大学生的人生梦想和创业激情。曾经有大学生说："作为一名大学生，如果一生没有听过他的演说，将终生遗憾；如果一生只听一次，将遗憾终生。"然而，当他演说结束来到北京的时候，他身上仅剩下了 3000 元。

于是，他只好利用这3000元重新开始创业，一个月过后，公司成立了，并在公司成立的当天，营业额也达到了20万元。各位，你们知道这个年轻人是谁吗？他叫什么名字吗？（就是你，叫黄一鸣）

所以，各位，今天我将大学四年的创业经历、这3年花了20多万去参加各种培训课程所学到的成功资讯，以及现在创业的一些心得，毫无保留地跟大家分享，让你们在原有非常优秀、非常成功的基础上迈向更大的成功。大家说，好不好？（好）

各位，如果今天你们的掌声更大声，尖叫声更兴奋，通常情况下，我给大家分享的就更加彻底。据说，掌声的速度、尖叫声的速度跟成功的速度是成正比的，你们要不要给一鸣再次热烈的掌声鼓励一下！（掌声！尖叫声！）

2. 塑造人物形象

塑造人物形象，最忌平铺直叙。比如，让你在台上讲一讲华人首富李嘉诚的故事，你就说了一句：李嘉诚的商业人生，告诉我们做人要有诚信。这样讲的效果肯定不好。

如果换一种表述方式，效果就会大大不同。

李嘉诚16岁开始做学徒，20岁开始创业，经过50多年的奋斗，成为华人首富。

华人世界备受尊敬的超强企业家李嘉诚，沉浮商海50多年，他发现成功的关键在于做人要有诚信。

同样是讲李嘉诚的诚信，前一种只是简单地把李嘉诚的生平叙述了一遍，既没有感情色彩又没有说服力。而后一种则先把李嘉诚这个人物形象塑造起来，再把他的话讲出来，既形象又生动。

所以，在演说时，要注意人物形象的塑造，这样就会让演说的内容更加生动丰富。

3. 塑造内容价值

同样，下面这个故事，也会告诉你如何塑造内容的价值。

> “各位，比尔·盖茨曾是世界上最年轻的首富，他个人资产超过500亿美元。如果你一年能赚1亿元人民币，你觉得好不好？”
>
> 在场的人都回答：“好。”
>
> “如果你每年能赚1亿美元，你要花500年才能赚到500亿美元。也就是说从你出生开始就要开始赚钱，并且你要活500岁，你才有500亿美元。可是，比尔·盖茨38岁的时候就拥有500亿美元。500亿美元折合成人民币是多少，你自己算一下。
>
> 如果你要实现这个目标，你还要再活几百年。比尔·盖茨说：‘做人、做事千万不要掉进恶性循环，做生意一开始就要进入良性循环。’什么叫恶性循环呢？如果你没有学到赚钱的方法，所以你继续没有钱。你没有钱还继续学不到赚钱的方法，所以你还是继续没钱。这就是恶性循环。”

如果在演说时，只讲比尔·盖茨说做人不要掉进恶性循环，或者只说人不要掉进恶性循环，效果就很一般。但是，如果先把比尔·盖茨的形象塑造起来，然后借他的口把话说出来，你是不是觉得这些话更有说服力，更可信呢？

第二节 出色的主持人，为你的演说增色

1. 别让主持人破坏了你的形象

在演说时，需要选择合适的主持人，在选择时，要考虑使用什么风格的主持人主持活动，包括年龄阶层、文化阶层、性别、影响度，等等，要综合考虑决定。

在正式演说开始之前，主持人要先对演说者做一个简单介绍。这个小环节不容忽视，介绍得好不好，会影响到听众对演说者的印象好坏的判定。

主持人在介绍演说者时，大概花费60秒的时间，在这么短的时间内，要向大家介绍些什么呢？概括起来就三个字：题、重、人。

所谓“题”，是指今天演说的主题是什么？这是在介绍即将出场的演说者时，首先要做的事。

所谓“重”，是指今天的主题为什么很重要。主题的重要性一定要强调，否则听众对演说的内容就不会重视了。

所谓“人”，是指演说者有哪三大理由和资格站在台上讲这个主题：

2. 主持人如何做好演说的介绍

（1）演说的主题

比如，主持人说到，今天演说的主题是如何通过演说致富。为什么这个主题如此重要呢？因为演说是出人头地的捷径，因为伟大的领导都是伟大的演说家，因为利用演说你可以迅速提高你的领导力、知名度，增强你的说服力，扩展你的人脉。

（2）介绍演说者

今天我们请到的主讲人是某某老师。因为他有三大理由和资格来讲这个主题。

第一，他有多年的职业演说经验；

第二，他是世界顶尖的演说家，拥有超过上亿元的财富；

第三，他培训过无数知名的演说家。

（3）请出演说者

现在，有请某某老师来分享“演说致富的秘诀”。

这个框架简单明了，却将当好主持人的关键因素指出来了。

3. 演说者的语言特点

只要开口讲话，就可以看作是演说者。演说者的语言特点应包括三个方面：口语化，灵活表达，避免照本宣科；大众化，通俗易懂，避免生僻晦涩；个性化，装狼像狼、装虎像虎，有自己的特色。

在一次延安军民大会上，毛主席想谈一谈根据地的建设问题。但是参加会议的人员中有很多陕北民众，如果像以往那样生硬地演讲，这些人是听不太懂的。

毛主席一上台，看前边有一个头上绑着毛巾的老大爷就笑呵呵地说道：“呵呵，老人家，你大老远也过来听课，我感到很荣幸啊，你在这坐着莫紧张啊，你看怎么样？”通过这样的问候，传达出自己跟大家走得很近的信号，然后接着对大家说：“今天我要讲一讲咱们的根据地啊。各位，什么是根据地啊？我先请教大家一个问题，这是什么地方啊？”

这时候毛主席指了指自己的臀部，又接着对底下的听众说：“我们大家是走来的，走累了需要坐下来休息的呀，坐下来休息，我们屁股坐的地方啊，就叫根据地。如果我们无论走到什么地方累了就可以坐下来休息休息呀，这一块块的根据地联系起来，这就是新中国呀。大家说是不是这个意思啊?”

这样的演说一下子就走进了人的心里，一听就知道，非常口语化、大众化、个性化。

4. 演说者的语言技巧

演说者如何成功地驾驭和掌控演技，需要一定的语言技巧。例如，在演说开始时，要善于吸引听众的注意力；在演说过程中，要灵活应对各种变化，对任何可能出现的差错都要准备应急预案；在演说结尾时，也不可掉以轻心，必须让演说有头有尾地顺利结束。

综上所述，演说的语言技巧包括四个方面的内容：工于开场；巧于连接；灵活应变；重视结尾。

演说存在于生活的方方面面，大到专业的演说，小到一次简短的谈话。所以，掌握必要的演说技巧，可以在日常生活中游刃有余地处理大小事务，对美满人生的开创具有极为重要的作用。

第三节　人们不喜欢说教，但却喜欢听故事

从生理上来讲，人的大脑分为左脑与右脑，左脑是理性的、严谨的，而右脑是感性的、活跃的。左脑倾向于分析总结和推理，而右脑富于想象，乐于接收生动化趣味性的东西。

理论的东西，过多的灌输、反复的强调，会让员工产生逆反心理。而故事则不同，由于其是右脑的产物，具有生动性和趣味性，所以在传播的

时候，很容易就能被听众的右脑接受并留下深刻的记忆。

用故事来阐述自己的观点，推销自己的观点，是一种非常有效，也非常受人欢迎的方式。因为没人喜欢说教，也没人喜欢被教训，但人们却喜欢听故事，并喜欢从故事中自己去琢磨做人做事的道理。

讲故事的魅力就在于此，因为人天生喜欢听故事。阿里巴巴的创始人马云深谙其中的技巧，所以他在阐述自己的观点时，总是会用一个故事来引出自己想要谈的事情。比如他在讲“管理不是为了方便自己”这个观点时，开头就用了一个故事来引起大家的关注：

两年以前，杭州有个餐馆，我去了一看就发现这个餐馆要死。餐馆有四个服务人员，经理坐在前面的桌子上，我进去要坐这张桌子，他说不行，说“我坐在这里是为了方便管这四个人”，他说你们两三个人要坐那边去。我认为，manager 不能 manager 客户，是应该把四个站在那里傻乎乎的服务人员管理好，客户想坐这张桌子是客户的权利。果然这个饭店半年以后不见了。

如果马云只是很简单地告诉大家“管理不是为了方便自己”，台下的听众很可能会把这句话当作耳旁风，左耳进右耳出。

但是现在不一样了，因为大家即便记不住马云的观点，也能记住这个故事。记住了这个故事，人们就可以自己琢磨出管理的目的来。

1. 演说的最高境界是幽默

一般而言，演说者在一些正式场合所发表的演说，往往都带有某些鼓动和说服的色彩，许多演说者在这种正式的演说场合之下，往往都是神情庄重、不苟言笑，可如此一来，又显得太过古板，演说也就变得枯燥乏味，听众根本提不起兴致去聆听他的演说。

因此，在演说的过程中，幽默就成了我们不容忽视的一种强大的交流工具，它可以迅速引起听众们的注意，铺陈和渲染出融洽和谐的演说氛围，缓解内心的紧张情绪，并能给听众留下深刻的印象。

演说的内容本身并无幽默可言，但若由一位幽默之人来发表一场演说，往往会使演说充满趣味和欢笑，听众会深深地沉醉在他的叙述当中。

许多出色的演说家都善于在演说中运用幽默的语言，牢牢抓住听众们的注意力，在一片欢笑声中引发听众的共鸣，从而对其阐述的观点和思想记忆深刻。

林肯在竞选总统期间曾发表过一篇演说：

“有人问我有多少钱参加竞选，我告诉他们我是个穷光蛋。但是，我有深爱的妻子和儿子，他们对于我来说可是无价之宝呢！我还租了一间不大不小的房间，房间里有一张桌子和几把椅子，我还在墙角摆放了一个书柜，书柜里的书，值得我阅读一辈子。我的长相不太雅观，而且满脸胡须，我没有发福却长着个大肚子。我没有可依靠的财团，唯一值得托付的就是你们。”

林肯这一番妙语连珠的演说，使他迅速在公众面前展示出了一位廉洁诚实、平易近人而且幽默可爱的形象，因而赢得了大批选民的支持——这就是幽默演说所具有的感染人心的独特魅力！

据说美国的男人宁愿自己变成盲人或者少了一条腿，也不愿承认自己缺少幽默感。幽默感的重要性，由此可见一斑。

美国人之所以重视一个人是否具有幽默感，是因为他们非常重视人际交往，而在人际交往中，幽默的谈吐会让交谈变得轻松，迅速消除双方之间的陌生感。

其实，演说的最高境界就是幽默。当一个人能够在轻描淡写中巧妙地运用幽默语言，将一件看似平淡或沉重的事情说得人人想笑的时候，这个人的演说一定是最好的。

2. 讲故事、说笑话培养你的幽默感

演说不是干巴巴的说理，也不是高调的抒情。单纯的说理或抒情都是索然无味的。单纯的说理让人感觉像个老学究，单纯的抒情又让人觉得扭捏造作。因为这样说话让听众觉得像是飘在天上，没有脚踏实地的感觉。

其实，说理的语言起到的作用是总结，是升华。抒情性的文字是画龙点睛、锦上添花。这两种方式的应用重在凝练，而不该连篇累牍。如何避免说理性和抒情性语言的大量使用，使其发挥应有的作用？最重要的方法是加入一些叙事性的文字，也就是说加入一些小故事、小笑话。

在演说的过程中加入故事、笑话，能更好地吸引听众的注意力。这一点，早在先秦时代，人们就意识到了，把讲故事、说笑话用在游说活动中。

孟子是个非常擅长用故事的人。在游说的过程中，为了提起对方的兴趣，他一般不会直接切入，向对方直述自己的主张，而往往用一个故事开头。像他对齐宣王说明君王如果不能好好治理国家就应该被废掉的道理时，他用了一个小故事开始他的谈话。

他说："大王，您的一个大臣要去楚国游历，把他的妻子和孩子托付给他的一个朋友。结果回来之后，他的妻子挨饿受冻，这时候他该怎么办？"

齐宣王说："和他断绝交情。"孟子接着问："一个执行法纪、掌管刑罚的长官，却连他自己的部下都管不了呢？"

齐宣王说："罢免他。"孟子又说："国家没有治理好，那该怎么办呢？"齐宣王看着身边的人扯别的问题。

假如说孟子一上来就说一个国君治理不好国家会出现怎样严重的后果，长篇大段地讲道理，齐宣王肯定听他说几句就烦了，不会听他讲

这么长时间。因为他平时听惯了这些大道理。而孟子用一个故事开头，对齐宣王来说是非常新鲜的，紧紧地抓住了他的注意力，引起了他倾听的兴趣。让他在饶有兴趣的语言环境中进入了孟子设的“语言圈套”，不知不觉地跟着孟子的思路走。这比单纯地谈论大道理效果要好上很多。

加入故事，除了能够吸引听众的注意力之外，还能使自己说的话生动形象，让听众更容易理解自己的观点。这就是把观点落到实处的最好办法。找到能够说明自己观点的故事，生动形象地讲给听众听，让他们从故事中得到启示，而后说出自己的观点就顺理成章了，更容易被人们接受。上述孟子的案例不仅说明故事能吸引听众的注意，也能证明故事能够让听众轻松地理解自己的观点。

另外，加入故事，可以让演说的气氛更加活跃。谈话谈得久了，人们难免会有疲倦感。这时候，如果有人讲一个轻松幽默的小故事，一定能够活跃现场的气氛，人们的情绪会再度被调动起来。故事能够跟谈话的内容相关最好，如果不相关，幽默有趣也可以，起码会让人们轻松一笑，缓解疲惫。

要培养讲故事、说笑话的能力，可以从三个方面着手：

(1) 做收集故事的有心人

幽默不是与生俱来的，是后天培养的。幽默的源泉来自于生活当中的观察和积累。现在媒体四通八达，从报纸、杂志、图书、网络、电视上，每天都可以接触到很多小故事、小幽默，觉得好的，就记录下来，在一些场合上，就可以实行拿来主义，直接用上了。

这些小故事，犹如做饭用的米，做饭就如同幽默，有了积累，才不至于关键时刻“巧妇难为无米之炊”了。

(2) 讲故事，说笑话要有章可循

如果你天生缺乏幽默感，不会讲故事，也不会说笑话，怎么办？按照下面方法去做，你一定可以在谈话中讲上一两段小故事。

第一步，充分思考，从大脑中，调出适合这次谈话的素材，选定材料后，迅速组织语言。

第二步，充分调动自己的情绪，让自己先融于所要讲的故事当中，先感染自己，才能够感染别人。

第三步，要有一个精彩的开场白，能够提起听众的兴趣，让听众有继续听下去的欲望。

第四步，语言流畅，条理清晰，内容精练，切忌唠唠叨叨。

第五步，讲的时候，要适当运用一些肢体语言和眼神，与听众进行沟通。

第六步，可以适度的停顿，加上惊讶、感叹、疑问等语气。

第七步，结尾时，把你讲的最有价值的部分强调出来，增加印象。

通过上面的七步练习法，多实践，多练习，创造机会给你的听众说笑话、讲故事，提高自己的演说水平。

（3）讲故事、说笑话的训练方式

可以通过以下四种方式来实践：

第一，多看名人幽默故事。

第二，和身边的人适度地开玩笑。

第三，试着说些俏皮话、歇后语。

第四，始终保持乐观积极的心态。

3. 讲故事、说笑话的技巧

汉语文化博大精深，蕴含着丰富的幽默技巧。

（1）巧用歇后语

谈话的时候，运用歇后语，能够活跃气氛。表示莫名其妙，可以说，丈二和尚——摸不着头脑。

(2) 巧用比喻

比喻的概念能使语言生动、活泼，达到好的交流效果。比如，老师对着下面吵吵闹闹的女同学皱了皱眉头说："一个女生等于500只鸭子。"正好师母和女儿来找老师，一个眼尖的女生对老师说："老师，门口有1000只鸭子找你。"话音刚落，教师里一片大笑。

(3) 巧用错别字

有时候，在做生意时，故意把某个字写错，产生幽默的效果，让人感觉愉悦。一个商店门口写了"面包另售"四个字，一个顾客看了，说"零售的'零'写错了，写了错别字。"

老板说："没错呀，别字旁边还有个立刀。"

第四节　如何让听众信服你所说的话

据《论语·乡党》记载："孔子于乡党，恂恂如也，似不能言者。其在宗庙朝廷，便便言；唯谨尔。朝与下大夫言，侃侃如也；与上大夫言，訚訚如也。君在，踧踖如也，与与如也。"

这段古文的意思是说，孔子在亲戚长辈面前，表现得"恂恂"，也就是忠厚老实，说话拘谨；在宗庙朝廷，是"便便"，也即是恭恭敬敬；而与下大夫说话时，马上变得"侃侃"，开始谈笑风生了；当与上大夫谈话时，他又"訚訚"，即做出善意的规劝；最后见了国君，孔子是"踧踖"，恭敬之余还加上惭愧，并且"与与"，即不"驳嘴"。

这种针对不同的人采取不同说话风格的技巧，后来就被总结为"见人说人话，见鬼说鬼话"。

1. 找出听众的问题、需求和渴望

为什么我们必须根据不同的听众来调整自己的演说风格和内容呢？因为人的本性，都是只关心与自己有关的事情或发生在自己身边的事情。如果你讲的事情与他们没多大关系甚至相差十万八千里，那他们就缺少听下去的兴趣。

这类似于我们看新闻，即便电视连番播放国外“水深火热”的景象，我们也不会太往心里去。反之，如果新闻播放的是与我们有关的人或事，哪怕只有几秒钟，哪怕只是邻居之间吵架拌嘴的一点小事，我们也会津津有味地把它看完。

爱利克·仲思敦曾任美国商会会长和电影协会会长，他的每一次演说几乎都会使用这种“见人说人话，见鬼说鬼话”的技巧。比如，他在俄克拉荷马大学的毕业典礼的演说上，一开始是这么说的：“尊敬的各位俄克拉荷马的公民，你们想必都非常熟悉那些习惯于危言耸听的骗子。你们一定会记得，他们曾经拒绝将俄克拉荷马州列入书本，认为它是一种没有任何希望的冒险……”

当第一句话说出口之后，仲思敦与听众的距离立即拉近了。因为他让听众明白了，他的演说是专门为他们准备的。他所说的事情必然能够吸引听众的注意力，因为迎合了听众的兴趣。

演说家罗索·康威尔有一个著名的演说题目叫《如何寻找自己》，据说，他先后就这个题目讲过近六千次。按理说，同一个题目，又演说了这么多次，听众早就应该对罗索·康威尔的演说内容厌倦了。但事实却恰恰相反，康威尔的每次演说，总是能引起听众的共鸣。

康威尔后来揭开了其中的秘密，他说：“当我去某一城或某一镇访问时，总是设法尽早抵达，以便去看看邮政局长、旅馆经理、学校校长、牧师们等，然后找时间去同人们交谈，了解他们的历史与他们拥有的发展机会。然后，我才发表演说，对那些人演说，就得使用他们当地的题材。”

成功的沟通有赖于演说者使其演说成为听众的一部分，并使听众成为其演说的一部分。《如何寻找自己》作为最受欢迎的演说，却没有一份标准的演说稿，原因就在这里。这就是在教你如何找出听众的问题、需求和渴望。

2. 回答听众最关心的五个问题

在演说时，台下听众在想什么呢？他们来听的目的是什么？什么样的演说才能打动他们？

要想做一场成功的演说，就要猜透听众的心理。听众的心理有五种，只要你掌握了下面这五种心理，那么你的演说就是成功的。

（1）你是谁

对听众来说，演说者的情况是必须要了解的。听演说的人，看到有个人上台，第一反应就是问自己：这个人是谁？

针对听众关心的问题，你要在演说一开始就给出答案，如实告诉听众你的成就、本事等，并且能证明你取得的成就，这样大家才觉得你说的是可信的，而不是纸上谈兵。

（2）我为什么要听你讲

台下听演说的人，不是闲着没事做来打发时间的，也不是来听你讲无聊的事情的，而是希望听完你的演说能获得某些好处。

所以你上台演说，就要为听众解决心中这个疑问。

（3）你讲的内容对我有什么好处

没有好处的事，谁也不愿意去做。所以，你要回答听众，听完你今天的演讲，他们会得到什么好处。

（4）如何证明你讲的是真的

如果你一开始就解决听众最关心的以上几个问题，是不是听众就会认为听你的演说是值得听的呢？

在你告诉听众听了这个演说有种种好处之后，其实他们心中还是有疑问的。为了让你的演说生动真实，你在分享的过程要加入一些案例。

这时，听众就会在心里问自己：这不是你胡编胡造的吧？所以，你再举这样的例子，一定向听众证明这是真实的。尽管是你亲身经历的，但没有依据，大家会觉得你是在吹牛，会对你说的话嗤之以鼻。

（5）为什么我照你讲的意见去做是正确的选择

当你要求别人按照你的意思去做某件事时，你需要给他充分的理由：这样做会有什么好处，不这样做会有什么坏处。为什么这样做是正确的选择，你必须要证明给别人看。

3. 因势利导，激发共鸣

要使听众心服口服，你在演说时不可违背听众的意愿，采取逼迫，甚至是威胁的手段要听众接受你的观点。

你应当牢记在心的是，只有当你的观点能够引起听众感情共鸣时，你的观点才容易为听众所接受。

林肯曾说："当我在跟对方展开一场论战时，我会先找到一个跟对方共同的赞同点。"林肯一语道破了说服性演说的秘诀，他在任期间，曾针对解放黑奴问题无数次与人争论，但即使在最激烈的辩论中，他都能找到跟对方共有的认同点。一份中立的报纸曾经对他的一场演说做过如下的报道：

在论战的前30分钟里，他提出的每一个观点都能被反对者所接受，于是在不知不觉中林肯就将他的反对者逐渐引领到他的立场上，一点一点地，直到最后那些反对者才忽然意识到，自己已经被引入了栏圈里了。

道理很明显，演说者倘若一开始就跟听众在观点上发生分歧和矛盾，只会因双方的争执而坚定他们的固执，反对者只会负隅顽抗，绝不可能改变他们的观念和思想。

因此，要想激发听众共鸣，一开始就先强调双方都赞同或相信的观点，然后在恰当的时机切入正题，让听众愿闻其详，这样不是对你的说服性演说大大有利吗?

紧接着，你再去引导听众自己去追寻最终的答案，当听众在独立思考的同时，你将一件件确凿无疑的事实陈列在他们面前时，他们就会在潜意识中接受你的引导，最终信服和接受你的观点。

4. 描绘未来而不是谈论现在

当你想要说服一个人的时候，最好的办法不是去否定对方的观点，而是给对方描绘一个可信的未来，当他相信你所描绘的未来时，你已经说服了对方。

马云强大的说服力，就是用这种方法实现的。

2009 年 5 月，在中国首届网商交易大会上，马云又发表了一篇典型马氏风格的演说：

如果马云可以成功，中国 80% 的年轻人都可以成功……我跟大家没有任何的区别，而且唯一的区别，我比在座所有的人都长得怪一点，长得丑一点……

我自己感觉，因为互联网，因为前十年的变化，让我们走到今天，未来的十年互联网和电子商务的变化会更大，假如没有时代的变化，没有这场经济危机，我相信在座绝大部分人没有十年后成功的可能性。

互联网的兴起，电子商务的兴起将彻底改变未来，彻底影响我们的生活，社会已经发生剧烈的变化，我想告诉大家的是，2009 年互联网和电子商务只完成了第一个阶段，就是机会。大家都说机会被阿里巴巴、淘宝、百度、谷歌和腾讯抢去了，我告诉大家机会还没有开始，所有的机会都会在未来十年内真正的开始。

告诉大家一个可信的发展趋势，这就是马云说服听众的技巧。不过，在早些时候，尤其是创业的初期阶段，更多的人把马云对未来的判断当成了狂妄或者忽悠。甚至是一起创业的十八位同人当中，也有一些人对他最初的描述半信半疑。当马云在眉飞色舞的讲述未来的美好前景时，他们的内心却是忐忑不安的：“能行吗？他说得这么好听，可我听着实在像一幅海市蜃楼。”

但是，这种半信半疑的日子很快就过去了。当马云利用他天才般的演说成功说服孙正义等投资者，拿到自己需要的投资基金后，他也开始折服成千上万的普通客户。一位美国人说：“当我听到他说第一句时，我就被打动了。如果我有一亿美元，我会立刻拿出 5000 万投资他的公司，不会有任何犹豫。”

人们愿意做这种大胆决定的原因，就是马云在兜售他的理念时的技巧。他会让你感受到互联网商业带来的冲击，使你不由自主地认同他的一切观点，并感到他会带着你在互联网的大海中不停地捞金子，一直捞到你的船舱根本装不下为止。

其实，马云的每次讲话都差不多，无非是在谈阿里巴巴集团及其旗下子公司。但马云的高明之处在于，他演说的落脚点不是宣传公司如何如何好，而是升华到互联网能为人们做什么。

他的演说，就像给在场的网商打了鸡血，个个崇拜、欣喜且斗志昂扬。这样的场景，毫不逊色于作战前统帅激情洋溢的作战宣言、士兵们急于赴死的激情。

第五节　利用展示品来辅助演说

1. 借助展示品提升演说说服力

要让演说更具说服力，光靠三寸不烂之舌是远远不够的，最好能借助一些外物，比如展示品。

我们先来了解一下什么是展示品。比如，照片、奖状、视频、顾客的讲话等，我将它们统称为展示品。这些展示品对演说者来说是非常有用的辅助工具，在任何一场演说中都不要忘记使用它们。

比如，讲减肥成功的案例时，你要拿以前很胖时的照片和现在的你做对比，证明你的减肥方法是有效的。

你在讲业绩倍增的方法时，你能不能展示一些倍增业绩的图表给听众看呢？正所谓有图有真相。

你在推广降血压保健品时，你拿出医生的健康报告给顾客看，最好有医生的亲笔签名，证明你的保健品是好的。

如果你曾得到某位重要领导的接见，或者举办过万人瞩目的演说，那你能不能将这样的视频调出来给大家看呢？

你在台上讲的一切事迹、案例，都要拿出有形的物品作为证据展示给听众看。为什么要这样呢？

告诉你一条定律，人们不相信他听见的，人们相信他看见的。而展示品可以为听众提供他们想看的一切。

2. 运用展示品的五个关键

运用展示品对演说的作用非常大。但是很多人并不知道如何正确使用，结果是弄巧成拙。若要它发挥最佳的效果，需注意以下五个关键。

（1）只有在要用的时候，才举起展示品

很多演说者会犯这样的错误，一上台手里就拿着展示品，直到演说结束。

这是不正确的做法，一是会让听众觉得你是在照本宣科，二是会影响听众的集中力。

记住，展示品只在要用到的时候拿出来才能发挥理想的效果。

（2）你要举到大家都能看得到的高度

当你拿出展示品给大家看时，不要把它放在胸前的位置。因为坐在后面的人很可能被前面的人挡住视线而看不到你展示的东西，这样的动作是无效的。

因此，为了让在场的人都能清楚看到你所展示的东西，你要将它们举到一个合适的高度。

（3）不要挡到你的脸

当你讲到某家报纸对你的报道时，你不要拿起报纸就将自己整张脸给遮住了，然后说："大家请看这是我的故事，这篇文章有讲到我倍增业绩的，有我捐款的画面……"

这是非常不专业的表现，同时也是一种不尊重听众的行为。正确的做法是，你要面向听众，并让报纸侧面对着你。总之，在演说中肢体动作是有讲究的，也是一门学问，演说时大家一定注意。

（4）要对听众讲话，而不是对展示品讲话

有些人的演说是推广某仪器，他对大家说："现在我向大家介绍一台韩国进口的美容仪器，效果非常好，某某明星都在使用。用后，你会变得青春靓丽……”

他在向大家展示这台美容仪器时，目光从没离开过美容仪器，完全忘记听众的存在了。这也是错误的做法，仪器是用来做实验的，而不是让它来充当听众的。

在介绍它的时候，你要时不时抬头与下面的听众交流。

（5）用完就要把它们放到一边

当你把与展示品相关的内容讲完后，你就要把它们统统移开。视频要关掉，资料要收起来，仪器要搬走，等等，总之一切与演说无关的东西都要收起来。

因为台上的主角是你，而不是展示品，因此没有它们的戏份时，它们就不能出现，以免喧宾夺主。

第六章
公众演说场景

第一节 酒宴致辞

1. 开业：致辞简短、热烈

开业仪式，一般指在公司、宾馆、商店、银行等正式营业之前举行的相关仪式，其目的是提升企业的知名度和美誉度，塑造一个良好的开端，以吸引社会各界及其同行业的人士。

开业仪式致辞应该简短、热烈，对来宾的光临表示感谢。比如：

尊敬的各位领导、各位嘉宾，女士们、先生们、朋友们：

大家好！

在即将跨入新年的时刻，我们彩虹之麓田园风格餐厅在各级领导、广大朋友的关心支持下经过两个月的磨合与调整后，十分欣喜地迎来了隆重开业的时刻。餐厅的建成凝聚了全体建设者的汗水，凝聚了亲朋好友的理解和支持，凝聚了上级领导的关心与厚爱。在这隆重的时刻，请允许我代表全体职工向关心支持我们的各位领导和朋友表示衷心的感谢！

彩虹之麓田园风格餐厅将秉承“宾客至上、服务第一”的待客宗旨，永远把客人当作自己的亲戚和朋友，以“热情、周到、细微、高效”的服务赢得您的认同——在这里，您的期望就是我们的关注，在这里，您的微笑就是对我们最大的肯定！我们将以先进的设施、一流的服务、高效的管理、大众消费的价格、美味可口的佳肴为您营造一个温馨、舒适的驿站，为您留下美好回忆！

彩虹之麓田园风格餐厅主营是经本餐厅厨师精心钻研、改良、调试后，适合咱们当地饮食口味的安徽、四川两地的特色菜肴为主，聚集江湖特色菜为辅的一家风格餐厅。“金杯银杯，不如老百姓的口碑；金奖银奖，不如老百姓的夸奖”。酒店开业之后，我们期待各位领导、四方来宾、各界朋友予以更多的支持、关心和理解；同时也希望全体员工规范运作，热忱服务，爱岗敬业，尽心尽力把彩虹之麓田园风格餐厅做成咱们郑州市有品位、有档次、有影响、有效益的一流的高品位餐厅！

最后，祝愿各位嘉宾身体健康，万事顺意，家庭幸福，彩虹之麓田园风格餐厅愿成为您永远的朋友！

谢谢！

2. 剪彩：发言简短、喜庆

剪彩作为一项庆典活动，一般在开业仪式上举行，庆祝开业大吉；有时也可以举办单独的剪彩仪式，扩大影响，以引起社会各界的注意。

剪彩仪式上的发言不要太长，但要体现出庆祝、喜庆的气氛。

例如，下面是旅游景点剪彩仪式欢迎词。

尊敬的各位领导、各位来宾：

在这万紫千红、阳光明媚的春光里，在“五一”黄金旅游周即将来临的日子里，我们相聚在美丽的圣仁堂民俗村，隆重举行大别山奇石馆剪彩仪式。在此，我谨代表全村父老乡亲向不辞辛劳前来参加仪式的各位领导、各位来宾表示最热烈的欢迎，并致以崇高的敬意！

我们九资河镇圣仁堂村地处大别山主峰天堂寨脚下，全村版图面积8平方千米，辖4个村民小组，169户，656人。境内山峦起伏、溪流交错、森林茂盛、景色秀丽，是一处避暑度假、休闲娱乐的理想场所。近年来，随着旅游业的不断升温，我们积极利用得天独厚的区位优势和自然资源，把生态民俗旅游作为特色主导产业来抓，不断加大开发建设力度，先后兴建青砖古瓦的农家旅馆50家，完善路、水、电的配套设施，开发森林探幽、峡谷漂流、田园漫步等游乐项目，旅游业蓬勃发展，使我们圣仁堂村由昔日贫困的小山村一跃成为全市、全省乃至全国有一定影响的旅游专业村，并连续多年跻身全县经济实力十强村。

这次投资10万元的大别山奇石馆建成开业，是我们充分利用大别山奇石林立、千姿百态的自然景观优势，让游客在领略乡村田园风光的同时，观赏惟妙惟肖的奇石，聆听动人的历史传说，鉴赏大自然的鬼斧神工。大别山奇石馆的建成将进一步展现“吃农家馆、住农家屋、干农家活、观田园风光、玩峡谷漂流、赏大别山奇石、卖土特产品、看民俗风情表演”的圣仁堂民俗旅游特点，进一步完善了吃、住、行、游、购、娱，进一步推动了圣仁堂村民俗生态旅游业发展。

“好风凭借力，送我上青云”。借此机会，请允许我代表圣仁堂村全体村民，衷心感谢所有关心支持圣仁堂建设与发展的各位领导、各位朋友，真诚地希望你们对我们的工作多提宝贵意见。我们有理由相信，有各位领导的关心，有各界朋友的支持，有全村人民的共同努力，我们圣仁堂村的明天一定会更美好！

最后，祝各位领导、各位来宾，身体健康、万事如意！

谢谢大家。

3. 签字仪式：表决心、展望未来

签字仪式是指双方经过会谈、协商或者谈判，形成某项协议或者协定，再互换正式文体的形式，是一种比较隆重的活动。

在签字仪式上的发言可长可短，视情况而定。发言内容一般要对顺利达成协议表示庆祝、表决心、展望未来。

经过近半年的商谈，闫庄电子厂终于和海东公司签订了合作协议。光临签字仪式的还有双方的高层领导，以及同行的朋友。闫庄电子厂的谈判代表毅强发表了如下演说。

尊敬的各位领导、各位来宾、女士们、先生们、同行的朋友们：

大家好！

今天是一个值得庆祝的日子，大家热切盼望和渴望的合作合同终于签订了！合同的签订，标志着我们厂和海东公司已经进入全面的合作阶段，从此我厂有了更加顺畅的销售渠道，贵厂也有了稳定的货物来源，我们的合作达到了共赢！

我们一定会履行合同中的各项承诺，严格按照合同办事。希望在我们双方的共同努力下，两家公司的经济效益都能够获得最大幅度的提高，我们的前景能够更加辉煌！

最后，祝愿大家天天都有好心情，人人都有好家庭，个个都有好身体！谢谢！

4. 答谢仪式：表示衷心感谢

答谢礼仪，一般是指宾客对主人的热情款待表示感谢。答谢发言一般

要有称谓，明确要感谢的对象，并且表示衷心的感谢和祝愿，在结尾时再次表示感谢。

比如，张伟是河北梆子剧团的团长，带领剧团去山东参加地方戏汇演，受到山东各界人民的热烈欢迎。为了答谢山东人民，张伟将致辞表达谢意。

女士们、先生们，各位朋友：

我很荣幸代表河北梆子剧团，来这里对山东人民的厚爱表示感谢。

我们河北梆子剧团前期做了不少工作，目的就是希望带给大家一场完美的演出。艺术是不分地区的，喜剧让我们走到了一起。

感谢大会组委会对我们的邀请，感谢各个岗位上的工作人员对这次活动的准备工作所付出的辛勤劳动和汗水。我们刚刚来到山东，就被山东人民的热情所感动。感谢山东人民对我们的盛情款待！再一次感谢大家！谢谢！

第二节　欢迎与欢送

1. 欢迎词

欢迎词是接待工作中经常使用的演说，需要注意的是，致欢迎词的时候，站姿是相当重要的。如果是男性演说者，则要注意双脚与肩同宽；如果是女性演说者，则可以使用斜丁字步方式站立。

演说者应右手拿话筒，话筒位置应在右口角下面。面部的重要器官是嘴唇，沟通时声音、口型避免扑话筒，否则由于话筒遮挡容易造成“左高右低”的歪嘴。

致欢迎词的演说内容一般包括：

表示欢迎：例如“欢迎光临”。

介绍人员：例如“这是某某某”。

预告项目：例如“我们今天的活动安排是……”

表明态度：例如“再次真心欢迎您的光临”。

预祝成功：例如“让我们……”

请反复练习下面的祝贺词，以便在当前的场合能自如使用：

一家瑞气，二气雍和，三星拱户，四季平安，五星高照，六畜兴旺，万事如意！

只有懂得生活的人，才能领略到腊梅的清馨；只有懂得关爱的人，才能感受到生命的美丽；只有经过不懈努力的人，才深深知道幸福来之不易。祝你事业成功！

清晨曙光初现，幸福在你身边；当午艳阳高照，微笑在你心间；傍晚日落西山，欢乐伴你一天！祝你每天都开心！

心愿是风，快乐是帆，祝福是船。让心愿的风儿，扬起快乐的帆儿，载着祝福的船儿轻轻地飘向你！祝你有如芝麻开花节节高！

一帆风顺，二龙腾飞，三阳开泰，四季平安，五福临门，六六大顺，七星高照，八方来财，九九同心，十全十美。

钟声是我的问候，歌声是我的祝福，雪花是我的贺卡，美酒是我的飞吻，清风是我的拥抱，快乐是我的礼物！统统都送给你！

开心每一秒，快乐每一天，幸福每一年，健康到永远！

风柔雨润好月圆，半岛铁盒伴身边，每日尽显开心颜！冬去春来似水如烟，劳碌人生须尽欢！听一曲轻歌，道一声平安！吉祥万事如愿！

一千朵鲜花给你，要你好好爱自己；一千只纸鹤给你，让烦恼远离你；一千颗幸运星给你，让好运围绕着你，祝你天天快乐！

愿所有的好梦依偎着你，入睡是甜，醒来成真！愿所有的财运笼罩着你！日出遇贵，日落见财！愿所有的吉星呵护着你！时时吉祥！刻刻平安！

2. 欢送词

活动结束，对参与人员进行送别，可以致欢送词，欢送词的使用和欢迎词非常类似，其主要内容应包括以下方面：

表示惜别：例如“时间过得真快呀”。

感谢合作：例如“再次真心欢迎您的光临”。

回顾过程：例如“今天我们一起……”

征求意见：例如“您觉得某某工作还有哪些需要改进的地方”？

期盼相逢：例如“希望有机会再次合作”。

比如，送你三盆水——在新干部赴任欢送会上的讲话。

同志们，大家早上好！

我们中优秀的一员——王力同志，即将离开这个他播下优良种子、洒下辛勤汗水的老单位，带着党交给的新任务起程去另一个单位拼搏开拓。作为王力同志的老领导、老同事，我为他送上真诚的祝福，还送给王力同志三盆水。

第一盆水：用来好好洗洗头。在当今发展社会主义市场经济的大潮中，每个干部都要保持清醒的头脑，知人善任，戒骄戒躁。只有头脑清醒，才能在缤纷的世界中明辨是非，开拓进取。

第二盆水：用来好好洗洗手。手净才能气正，为官要廉洁勤政，两袖清风。常常洗手才能在名利面前不动心，对不义之财不伸手。

第三盆水：用来好好洗洗脚。脚步净才能腿勤，要多往群众中跑，多往基层跑。办法是从群众中来的，功业也是群众创造的，脱离了群众则将一事无成。

同志们，今天，让我们再一次真诚地祝愿，祝愿王力同志在新的工作岗位上更展风采。

谢谢大家！

第三节　竞职演说

如果是竞聘岗位，则竞聘演说的成败是非常关键的，好的竞聘演说能让别人产生信任感，将工作很放心地交托于你；而失败的竞聘演说会让别人觉得竞聘者缺乏胜任这份工作的能力。

竞聘的时候，由于被称呼的对象是特定的，就是各位考官或者各位领导。所以，称呼语、问候语基本上也是固定的了。例如：尊敬的各位考官，早上好！或者，各位领导，你们好！

1. 对自己条件的介绍

自我介绍的第一步就是要告诉考官你是谁。关于你是谁的个人信息很多，但你必须选择其中较重要的，能突出个性的，跟岗位匹配度高的因素。比如：名字、年龄、籍贯、教育背景、爱好特长这六个因素中，我认为，名字和爱好特长更加重要。

如果你能个性化地介绍自己的名字，不仅能引起考官的注意，而且还可以使竞聘的氛围变得轻松。例如，我叫邵飞，谐音少点是非，父亲给我取这个名字，就是希望我以后在工作生活中少一些是非；我叫俞非鱼，俞伯牙的俞，非鱼则出自《庄子 · 秋水》中“子非鱼，安知鱼之乐?”这句话，父母希望我过得像鱼儿一般逍遥自在。

如果你能有针对性地介绍自己的爱好特长，更能引起考官的格外关注。例如，作为应届毕业生，你应聘的岗位是管理培训生或者储干，而你是这样告诉考官的，说你从小喜欢跟人打交道，在学生时代参加过很多次校团委干部竞选并能如愿当选，我相信你的求职面试率会高很多。

2. 对自己能力的认识

对自己条件的认识，就是介绍自己做成过什么，代表着你的能力和水平。所以，你主要介绍与应聘岗位所需能力相关的个人业绩即可。同时，你在介绍个人业绩的时候，需要注意以下几个问题：

要重点介绍那些能体现自己能力的内容，不要说流水账。

业绩要跟所应聘岗位需求的能力匹配。如果你应聘的是人事经理，就不需要介绍你当年的销售业绩是怎么的惊人，尽管你曾经是一名销售冠军。

要重点介绍“你自己”的业绩，而不是团队的业绩。因为用人单位要招聘的是“你”，而不是“你们”。

在介绍业绩的时候，不要用定性的“很好”“很多”等形容词，也不要用模糊的“大概”“基本”“大约”等副词，要以具体数字说话。例如：2010 年 7 月，我卖出去了 20 辆汽车。

在介绍取得业绩的具体过程中，最好说说你的工作体会。例如，“在公司第一次推行绩效考核的过程中，我碰到了很多想象不到的困难，不过，这些困难最终还是被克服了，我从中学到了不少东西。”因为这么一来，考官肯定还会继续追问你，到底碰到了哪些棘手的问题，到底是怎么解决的。那你就可以进一步阐述具体的细节内容，体现自己处理问题的能力了。

3. 对未来工作的预想

对未来工作的预想，代表着你的理想和潜能。在这个部分，你可以介绍自己对应聘岗位、行业的看法和期待。

同时，你也可说说自己对工作的兴趣和热情，自己的未来职业规划等。例如，我觉得这是一个朝阳的行业，并且这个岗位很锻炼人，我愿意在这个岗位上待个三五年。

例如，竞选经理的演说辞。

各位领导、各位同事：

大家好！

在这里我以平常心的心态，参与支行综合办公室经理岗位的竞聘。首先，感谢支行领导为我们创造了这次公平竞争的机会！此次竞聘，本人并非只是为了当官，更多的是为了响应人事制度改革的召唤，在有可能的情况下实现自己的人生价值。

我现年43岁，中共预备党员，大专文化程度，会计师专业技术职称。1975年在枝江市供销社参加工作，先后做营业员、门市部主任、统计员。1985年调入枝江市总工会，担任图书管理员、出纳员、会计、财务、办公室副主任、计财科副科长。

经过几年银行工作的锻炼，自己各方面素质得以提高，去年我光荣地加入了中国共产党，荣幸地被三峡分行评为1998年度先进工作者，在创业业务竞选活动中，被分行授予“三收能手”的称号。1999年度我实现了个人揽存余额1300万元的任务。几年的工作使我深深地感到机遇和挑战并存，成功与辛酸同在。

参与这次竞聘，我愿在求务实中认识自己，在积极进取中不断追求，在拼搏奉献中实现价值，在市场竞争中完善自己。

我深知综合办公室工作十分重要，这主要体现在以下三个方面：一是为支行领导当好参谋，二是为全行事务当好主管，三是为一线员工当好后盾。具体说就是摆正位置，当好配角；胸怀全局，当好参谋；服从领导，当好助手。

我也深知，办公室工作非常辛苦，正如前一段时间社会流传的那样：在办公室工作的同志就像忠诚的狗，老实的羊，受气的猪，吃草的牛，忙碌的马。可是他们像蜡一样，燃烧自己，照亮别人；他们像竹一样，掏空自己，甘为人梯。

如果我竞聘成功，我的工作思路是：以“三个服从”要求自己，以“三个一点”找准工作切入点，以“三个适度”为原则与人相处。

“三个服从”是个性服从党性，感情服从原则，主观服从客观。做到服务不欠位，主动不越位，服从不偏位，融洽不空位。

“三个一点”是当上级行要求与我行实际工作相符时，我会尽最大努力去找结合点；当科室之间发生利益冲突时，我会从政策法规与工作职责上去找平衡点；当行领导之间意见不一致时，我会从几位领导所处的角度和所表达意图上去领悟相同点。

“三个适度”是冷热适度，对人不搞拉拉扯扯，吹吹拍拍，进行等距离相处；刚柔适度，对事当断则断，不优柔寡断；粗细适度，即大事不糊涂，小事不计较。做到对同事多理解，少埋怨；多尊重，少指责；多情义，少冷漠。刺耳的话冷静听，奉承的话警惕听，反对的话分析听，批评的话虚心听，力争在服务中显示实力，在工作中形成动力，在创新中增强压力，在与人交往中凝聚合力。

如果我竞聘成功，我的处事原则和风格是：努力做到严格要求，严密制度，严守纪律，勤学习，勤调查，勤督办。以共同的目标团结人，以有效的管理激励人，以自身的行动带动人。努力做到大事讲原则，小事讲风格，共事讲团结，办事讲效率。管人不整人，用人不疑人。我将用真情和爱心去善待我的每一个同事，使他们的人格得到充分尊重，给他们一个宽松的发展和创业空间。我将用制度和岗位职责去管理我的同事，让他们像圆规一样，找准自己的位置；像尺子一样，公正无私；像太阳一样，给人以温暖；像竹子一样，每前进一步，小结一次。

如果我竞聘成功，我的工作目标是“以为争位，以位促为”。争取支行领导对综合办公室工作的重视和支持，使办公室工作管理制度化，服务优质化，参谋有效化。让办公室成为支行领导的喉舌，沟通员工与行长之间关系的桥梁，宣传精神文明的窗口，传播企业文化的阵地，培养人才的摇篮，联结银行企业合作的纽带。我愿与大家共创美好的未来，迎接建行辉煌灿烂的明天。

谢谢大家！

第四节　汇报演说

汇报演说属于命题演说，具有充分的准备时间，所以要求演说的质量要高、整体效果要好。可以总结为高远、大气、全局、文采美。

高远就是演说者的思想起点高，才能在气场上压倒全场，不仅能够提出前瞻性的观点，而且能够得出远见的结论。让听众认同你的逻辑性，为你的逻辑打分。

选题大气，演说词要大气。演说者的思路要有扩展性，要能统一全局，论点论据环环相扣，才能让听众接受你的观点。

文采美就是用口语将书面语言的精华演说的更有美感，演说稿的撰写，决定了这个目标的实现。

汇报演说主要包括构思、演练和正式演说三部分，其中最能影响全局的是构思。只有亲自完成这一阶段，才能更好地运筹帷幄。

在撰写完演说稿后，就需要反复演练。演练的基本工作就是背诵拟定好的演说稿。在练习时，要脸皮厚，对着身边的人练习，让别人帮助发现自己的不足，才能不断亡羊补牢进行修改和完善。

同时，演练的过程，还能够提高演说者的信心。

一般在前两个阶段，都对演说过程中的每个细节已经精心设计，比如用开场白来营造气氛，用绕梁三日的话来结尾，但是对于中间部分的高潮起伏，却并非只靠演说稿就能完全掌控的，还需要专门的训练。

汇报演说，则不应有太多的客套，而要注重汇报的实质内容，要条理清楚，使用准确有效的数据。一般地，汇报演说应包括以下几点。

1. 目标明确

明确目标就是指汇报什么，为什么汇报？

2. 能简能详

不同的情况，要能简能详，是用 10 分钟汇报，还是 30 分钟？50 分钟？

3. 条理清楚

分析与综合，事实与思想相结合。

4. 多种形态

多媒体与纸面的相互转化。

5. 数据准确

用充分的数据说明问题。数据的使用在演说中能起到肯定事实、强化演说效果的作用。

温家宝总理在一次演说中讲道：瑞士前驻中国大使曾经说过我的脑子像COMPUTER（电脑），我的脑子里确实装了许多数字。这些数字有使我高兴的，也有使我忧虑的。例如，中国改革开放以来，GDP的增长速度年均在9%以上；中国近5年尽管受到亚洲金融风暴的影响，但GDP的增长年均仍在7.7%，去年达到8%；目前中国的外汇储备达到3000亿美元，等等，这些是使我高兴的。但是，有些数字恐怕连记者也不完全清楚，比如中国的劳动力有7.4亿，而欧美所有发达国家的劳动力只有4.3亿。中国每年新增劳动力1000万；下岗和失业人口大约1400万；进城的农民工一般保持在1.2亿。中国面临巨大的就业压力。中国13亿人口有9亿农民，目前没有摆脱贫困的3000万左右，这是按每年人均收入625元的标准计算的。大家知道，这个标准是低水平的，如果标准再增加200元，农村贫困人口就是9000万。中国东西部差距很大，大家恐怕只是从概念上了解。我想说一个数字，中国沿海五六个省市GDP超过全国GDP总值的50%。这几个数字，已经点出了三个问题：农村问题，就业和贫困人口的问题，东西部地区差距问题。因此，当好中国的总理不容易。如果要我说现在的心情，我觉得身上的担子有千斤重。

第五节　说服演说

1. 与客户沟通时的演说

与客户沟通是达成一致意见的重要手段，在沟通交流的谈话过程中，演说的方式和技巧要求比较严格，一般可以遵照下面的原则来开展：

（1）多问少说多听。

（2）点头微笑回应。

（3）避免与其争论。

（4）同时取代“但是”。

（5）成败不失风度。

2. 与下属面谈时的演说

作为领导，避免不了要与下属面谈，好的面谈能鼓励下属，能融洽上下级之间的关系，对未来工作的开展非常有益，但组织糟糕的面谈则会令下属失去信心，产生沮丧心态，对工作开展产生障碍。

一般与下属面谈，应涉及以下的谈话内容：

（1）先肯定，再建议，最后鼓励；

（2）让他觉得这个主意是他想到的；

（3）用建议而不是命令；

（4）布置工作要得到确认；

（5）提出挑战。

3. 动员号召时的演说

为了达到某一目的，需要进行一定的动员号召，动员号召式的演说一般可以包含以下三方面的内容：

（1）具体地描述事实；

（2）希望大家做什么——要简短、要具体、要易做；

（3）这样做的好处或理由，只强调一个好处。

4. 批评或道歉时的演说

（1）批评时的演说

如果要表达批评，则要先准确具体描述事实，然后陈述自己的困难和损失，最后提出请求（要求），要注意在批评的过程中，言辞要委婉，语调要缓和，态度要和蔼，且不可得理不让人，要保留一定的后路，也要给对方以解释的空间，在看似商讨协议的演说中达到批评的目的。

（2）道歉时的演说

如果出现错误，要发表道歉演说，则需要遵照下面的步骤设计演说内容：态度诚恳，语言慢速；不要重复错误过程；可以做些解释；多说改正和补救；适可而止。

克林顿就莱温斯基事件在白宫地图厅发表的约 5 分钟的道歉演说中说，“我确实与莱温斯基女士有不正当的关系。事实上，这种关系是错误的。对我来说，这是一个重大的判断失误和个人的失败，对此，我个人负全部的责任。”

不过克林顿否认唆使他人做伪证或阻碍司法调查。他说，“我从未要求任何人说谎、隐瞒或销毁证据，或有其他不法行为”，“我知道我（过去）有关此问题的公开讲话及沉默让人产生了虚假的印象。我误导了人们，甚至包括我妻子，我对此深感遗憾。”

克林顿解释说，他之所以那样做，一是想避免自己出丑；二是想保护自己的家庭；三是认为在葆拉－琼斯案背后有政治动机；四是独立检察官当初是调查白水案，在一无所获之后，开始调查他的私生活。

克林顿的这篇道歉演说没有回避否认事实，态度极为诚恳，因此获得了很多人的谅解跟好感。

第六节　主持会议时的演说

1. 参加新闻发布会的特殊要求

一般而言，新闻发布会的适宜时间在周一到周四的上午十点到十二点。或者下午三点到五点，要特别回避节假日。周五不宜举办新闻发布会，因为周末将至，人心涣散。

新闻发布会的主持人可以由公司的公关部长担任，条件是见多识广、反应敏捷、风趣幽默、形象气质佳，具有驾驭全局的能力并擅长引导提问等。发言人应该由主办单位的主要负责人担任，要求思维敏捷、记忆力强、能言善辩，具有良好的修养和待人接物的经验。

主办单位应该提前准备好宣传提纲，提供给媒体人员。

主持人和发言人要相互配合。他们在新闻发布会上是一家，因此主持人和发言人的口径必须保持一致，不允许公开顶撞。当媒体提出难以回答或者过于尖锐的话题时，主持人要想方设法转移话题，不能使发言人难堪。

新闻发布会上的演说，代表着公司的形象，所以，必须对演说的分寸给以重视。首先，要简明扼要。让人一听就懂，又难以忘怀。不能卖弄口才，口若悬河。其次，要提供新闻。没有新闻，自然没有必要开新闻发布会。再次，要生动灵活。演说者的语言是否生动，往往直接影响到现场的气氛。因此，一些幽默风趣、巧妙的典故不可少。最后，要温文尔雅。演说者能答则答，不能答则巧妙地避实就虚，或者直接说出无可奉告。无论如何，都不能恶语相向，甚至粗暴地打断对方的提问。另外，吞吞吐吐、张口结舌，也不能给人留下好印象。

与媒体打交道，要注意不要和媒体发生对抗。即使媒体出现误报，也要进行解释，消除误解。对于媒体歪曲事实的敌对性的报道，要据理力争，不能采取粗暴的方式。

2. 有效应对会议场上的特殊事件

每个人都希望被人需要，如果能够得到别人的认可，在言语上鼓励了你，那样你除了能够得到薪金之外，还能够得到心理上的满足。

如果在开会时，你告诉你的团队：“你们是我见过的最好的团队!”你可以表扬你的人和一个团队的成员。你的鼓励可以大大改变整个会议的基调，带领会议走上积极的方向。

还有一种方式，你可以准备一些特别的东西，比如小糖果、巧克力之类，这些东西总会让人感觉愉悦，鲜花也不错。也不妨带一些有趣的东西，来缓解开会时的压力。要尽力争取大家的支持，构造一个愉悦的开会氛围。

不管是虚拟会议，还是现实会议，人们都喜欢交流，每个人都想知道同事们的想法，而且开会也是一次很好的学习和交流的机会，分享自己所不知道的信息。

有时候在会议场上会有一些突发的状况，演说者在面对这种情况时不要惊慌，尽量争取时间来调整自己的演说内容跟形式。

销售部门经理李哲正在准备公司的年度销售大会。他希望事先了解会议过程中可能会遇到的问题，比如年金、销售区域变化等。但让李哲万万没有想到的是，公司 CEO（首席执行官）竟然中途走入会场，并彻底改变了会议的方向。

就在大家讨论正酣之时，公司 CEO 走入会场，宣布了一项公司一次大收购的决定，所以公司的策略将会进行彻底的调整。说完后，CEO 就离开了会议室。

李哲当场愣住了，他用了那么长的时间来规划会议，希望能够激励大家，提高明年的销售业绩，可是 CEO 的一番话彻底打乱了他的计划。

他张大嘴巴，愣在那里，不知道怎么办才好。等醒过神来，李哲做了一次深呼吸，宣布休会 15 分钟，他要重新组织自己的演说。

突发事件可能随时发生在任何一个演说者身上，如果遇到这样的情况，你也不必惊慌，我们看看李哲是怎么做的。先做个深呼吸使自己恢复镇静。然后看看当初准备的内容，在会议主题出现变化时，看以前准备的内容哪些可以继续用。再次，重新找到会议的重点，组织新的话题。最后，让大家坐下来重新开会。

回到会议室后，李哲给了大家半个小时的发泄怨气的时间。他把每个人的担心和顾虑都铭记在心。比如，有人担心会下岗，有人担心工资会降低，有人担心销售区域会变化，有人担心会频繁地出差……

为了让大家的顾虑得到领导的重视，李哲把大家的意见都总结在一张表格里。但是李哲也不知道该怎么回答这些问题，在总结完这些问题后，他立刻带领大家来了一场头脑风暴，并且根据新情况制订了新的销售方案，就这样，一个突发事件，没有改变会议动员大家的目的。

面对这种情况一定要学会多想一步，学会尊重对方，了解对方，你的会议演说才能掌控局面。

3. 如何答记者问

回答记者提问是演说中经常碰到的情况，而在这种时候，记者或提问者有的往往想通过问题刁难演说人，这个时候千万不能冲动，要冷静思考问题的要点，寻找完全的解答方式，不能给刁难者继续下套的机会，同时也要给自己保留退路，留下周旋的余地。

回答记者提问可以参考下面的建议进行准备，在临场时，再结合自己的知识阅历，进行现场的灵感发挥，不要急，要面带微笑听取问题，有板有眼地回答。只有经过大量准备，才能达到画龙点睛的回答效果。

具体做法如下：先不要下结论；立刻举例；题目大：从小处入手；题目尴尬：谈别人；一无所知：谈相近的。

作为演说，应该具备激情，面带微笑，同时在公众面前要有人情、才情，除了讲固定的内容之外，还可以把现场的人或事件信手拈来，这是让演说具有亲和力、感染力的一个重要方法。

同时要注意不可冷落任何一个人，包括部下、同事等，例如，可以对角落里的人说“那位同志，你说一说”，通过示意把话语权递给她，将这些现场调动起来的内容加到演说内容里面。

第七节　即兴演说

随着事业的发展，人们随时随地都有可能接受到记者的采访，应对这些类似的发言就需要掌握即兴演说的技巧。

即兴演说就是临时性发表的演说，它所包含的内容结构如下图所示。

1. 即兴演说如何选择合适话题

即兴演说的最高境界是见什么人说什么话，犹如俗语所说“见着秀才说书，见着屠夫说猪”，投其所好，表达赞美，但绝不应投机取巧，那样容易让别人产生反感，并且对自身的处世观产生误解。

即兴演说就是出口成章，演说者要对突如其来的场合，灵活地选择各种各样的话题。如何选题话题呢？

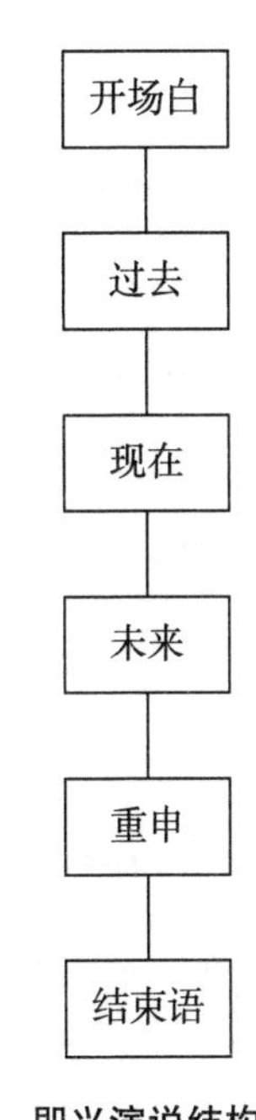

即兴演说结构

一个即兴演说，必须选择有价值的话题。演说者中途被“通知”发表演说时，一定要对所参加的活动有所了解；即使不了解，也要做好咨询工作，才能在演说时围绕主题来选择话题。

要选择自己熟悉和擅长的话题，因为有自己的体会，才能形成自己鲜明的观点，才更容易打动读者。如果你选的是陌生的话题，自己都没有弄明白什么意思，只会使演说陷入被动的境地。

此外，选择听众喜欢听的、感兴趣的。但是无论是自己擅长的，还是听众感兴趣的，都要围绕活动的主题。

演说者一定要有统筹全局的思路，不断转化角度，争取用最恰当的角度和时机来展示自己的演说魅力。

2. 即兴演说的技巧训练

即兴演说的黄金模式是：

①昨天、今天、明天……

②祝贺、感谢、希望……

即兴演说的黄金模式就是回顾昨天，对比今天，展望明天，用现身说法的方式得出比较令人信服的结论，也可以是祝贺事件本身——感谢相关人——希望发展进步这样的三段式模式。

在没有充分准备的情况下，要即兴演说，以上的两种模式都是百试不爽的，但如果自己有更充分的准备，则可以按照自己的准备随意发挥，使用不拘一格的方式表达自己的想法。

尽管即兴演说属于一种高层次的演说形式，为了迎接这突如其来的挑战，需要从思维方面进行训练。

当演说者确定话题后，需要将话题进行延伸，跟话题相关的论点、故事、名言警句便可以成为“出口成章”的“下锅菜”。

此外，要借题发挥，包括借事发挥、借物发挥、借名发挥等。要培养即兴演说的勇气，在任何场合，都不要谦虚，一定要抢先说。否则等别人把话题都说完了，演说者再讲也就索然无味了。

胡适在一次演说中的开场白是这样介绍自己的：“我今天不是向各位做报告的，我是来‘胡说’的，因为我姓胡。”

胡适不仅巧妙地介绍了自己，还活跃了现场气氛，引起了听众的兴趣，真可谓一石三鸟。

3. 电台、电视台脱口秀

电台、电视台访谈类节目日渐受到大众的喜欢，只要你理解其真正的意义，并遵循几条简单的原则，便能很好地利用这个强大的传播信息的工具。脱口秀节目提供的不仅仅是资讯，更是娱乐。所以，这类节目往往以挑起论战而见长。通常，脱口秀节目更为追求热点而非亮点。

一般来说，不要指望脱口秀节目来对一些复杂的问题进行富有思想性的辩论，毕竟，这不是这个节目的主旨所在。

第七章
职场演说与沟通技巧

第一节 “电话如面谈”，接打电话礼仪

不要以为打电话只能听到声音，就可以口无遮拦、不守礼数。很多打电话比较随和的人，一边打电话，一边抽烟、喝茶、看报，这是非常失礼的。因为在电话里，一个人在做什么，对方是可以“听”出来的。接打电话时，应恪守礼仪，就像平常与人面对面交谈一样，认真听讲，礼貌回答。

一个人，无论在任何情况下，都应该面带微笑拨打或者接听电话，不能让自己消极的情绪和坏心情殃及电话的另一头。这是一个职业人士的个人修养和职业道德的体现。如果能够做到这一点，就能赢得客户的好感和同事的尊重。

1. 打电话的礼仪规范

打电话者应该首先自报姓名，再询问对方说话是否方便后，再进行交谈。电话内容要简洁明了，可以事前把通话的要旨写在便条上。在打电话

的过程中，如果电话中断，要由打电话的人重新拨号，并说明断线的原因。打电话时，还有下面几个注意事项。

（1）选择合适的时间

尽量避开上午九点前，晚上九点后，以及吃饭时间。

（2）要保持良好的心情

这样，即使对方看不到你，也可以被你欢快的语调所感染，给对方留下极佳的印象。

（3）明确打电话的目的

工作中的每个电话都十分重要，不可敷衍。

（4）挂电话前要有礼貌

一般由打电话的一方提出，然后彼此客气地道别，说一声“再见”，然后轻轻放下电话，不可只顾自己讲完，就挂断电话。

（5）迟到、请假要自己打电话

外出办事，要随时和单位联系；耽误拜访时间，要随时和对方联系；发传真后，还要打电话联系。

2. 接电话的礼仪规范

不要以为接电话没有什么，其实里面的学问很大。接电话，有时就像看待人生，要有宁静、平和的心态。记住，等电话铃响过两声后，再接。把你的急躁先瞬间平息，对方正在期待你拿起电话的最好状态。在接听电话时，要有“我代表单位形象”的这种意识。说话声音应清楚、亲切、优美。另外，还要记住以下几点。

（1）及时回复所有的来电

必须在24小时内，回复所有的来电，确保你的人际关系在通信上的畅通。对于某些职业而言，不回复电话，可能意味着你将失去一次交易的机会。

如果一位推销员向你喋喋不休地推荐你毫无兴趣的商品时，打断他是一种仁慈的行为。“对不起，我不想浪费你的时间。”然后立即挂断电话，并带着微笑。

（2）避免不良习惯

避免你的不良习惯，比如清嗓子、说口头禅、喜欢东拉西扯的坏毛病。

在商务交往中，不允许以“喂、喂”或者“你找谁呀”作为“见面礼”。特别不允许上来就毫不客气地调查对方的“户口”，一个劲地问：“你是谁?”“你找谁?”“你有什么事情吗?”等。

（3）特殊情况的处理

在通话时，接电话的一方不宜先提出中止通话的要求，万一自己在忙，需要中止通话，可以告诉对方：“一等有空，我马上给您回电话。”

第二节　餐桌上的礼仪演说

餐饮礼仪是我们用餐时的行动指南，让你知道什么时候该喝酒，什么时候不该喝酒，什么时候该说话，什么时候不该说话。在此，用餐可以拉近用餐者之间的距离，餐桌礼仪是你展示才华的好机会，有助于事业走向成功。如果用的不恰当，可能就是失败的源泉。

重视和应用餐桌礼仪，对于塑造企业形象有很大的帮助，人们往往从企业员工队伍的言谈举止中，看出一个企业的基本形象。规范有序、礼仪有度的企业，不仅能让客户在心理上感觉到精神的振奋，最关键的是，能让客户在企业的软实力上给予企业充分的肯定，从而在商业活动中演绎出绝妙的企业形象。

1. 请客吃饭的礼仪

“不打无准备之仗”，在社交中，一般都是有备而来。不管是求人办事，还是答谢恩情，都要灵活掌握交际中的技巧。

首先，对请客的对象要有足够的了解，既要给足被邀请者的面子，又要恰到好处地点出本次邀请的目的，不让被宴请者找到推辞的理由。

提出邀请时，要讲究礼貌礼节。不管是口头邀请还是电话邀请，都要用客气、商量的口吻，而不能用命令的口气。决定邀请地点时，要以受邀人方便为原则。如果受邀人明确保证要你决定，那么，你再提出自己的意见，请受邀人定夺。受邀人认为合适，方可做出决定。

如果要邀请老板吃饭，一般两种情况：庆祝，比如取得成绩、加工资或者晋升，向老板表达一下谢意，说些“承蒙关照”“多多提携”之类的话；有事相求，在礼仪上应该给予重视。如果和老板不熟，最好不要轻易请老板吃饭，否则陷入尴尬的境地，对前途不利。在一般情况下，如果吃个工作餐还是可以的，是进行交谈和向老板展示的绝佳机会。

如果收到老板邀请，切忌不要告诉同事，否则会遭到嫉妒。老板毕竟是老板，饭桌上如果过于拘谨、默默无闻，吃的没有意思；如果太活跃，完全不顾及老板的尊严，以显示自己的才智、幽默就大错特错了。合理的方式是，当冷场的时候，说点乐事活跃气氛。不应该点很贵的菜，别人不喜欢喝酒，不要强人所难。

同事之间吃饭，不必拘于形式，但是一些正式的场合，也要注意形象和礼仪。另外，邀请客户赴宴是与客户保持联系，推销公司产品，塑造企业服务形象的常用手段。

接受邀请后，就要考虑穿什么样的衣服，从视觉效果讲，服装的颜色在人们的直觉中最领先，最敏感，其次是款式。

白色象征纯洁、高尚、坦荡，给人以明快、无华的感觉。红色代表热烈、浪漫、火热，对人的感官刺激十分强烈，它使穿着者更显朝气、青春、活力。紫色代表高贵和财富，给人高雅脱俗的感觉，紫色常被达官贵族所选用。橙色代表活力和温暖，它能引起人们的兴奋和欲望。黄色象征权力。灰色代表庄重、大方、朴实可靠，是服饰中最文雅、最能给人平易近人印象的色彩。蓝色代表宁静、智慧、深远，是一种比较柔和的色彩。绿色是和平和生命力的象征，使人联想到青春、活力和朝气，使穿着者更显得年轻，更加朝气蓬勃。黑色代表沉着、冷静、庄重、恐怖，黑色是最庄严肃穆的颜色，使人产生凝聚、威严、阴森、恐怖等不同的感觉。

如今的服饰很少是一种颜色搭配，搭配后的颜色对参加宴会会有很大裨益。主辅搭配是指以一种颜色为主，辅助一定的其他色彩。相似搭配使得颜色富于变化，显出动感和活泼。

选择合适的符合宴会的服饰是餐桌的礼仪之一，而过分随便和过于做作都是不合适的。

以男士为例：衬衫选择时，领子要硬，领口的大小，要以扣上领口扣子后，自己的食指能够上下自由插进作为标准。色彩上，以白色为宜。领带是不可缺少的点缀。衬衫、领带和西装三者要和谐。西装和领带的花纹不要重复。如果衬衫是白的，西装是深色的，那么领带不应该是白的，要选择明快、华丽一些的颜色。西装的选择要以宽松、平整为标准，穿着稳重高雅、自然潇洒。袜子选择深色为宜。皮鞋要光亮。

2. 餐桌交谈的礼仪

宴会入座时，应让长者、地位高的和女士优先。一般情况下，入座后，身体应该保持端正的坐姿，不要自由地动个不停，上身要尽量保持挺直，两脚齐放在地板上，两脚不要交叉。在用餐时，注意与餐桌保持适当距离，不可紧挨着桌子。上臂和背部要靠到椅背，腹部和桌子要保持一拳头的距离。在餐桌旁，不要挖鼻孔、剔牙、挖耳朵、整理内衣和整理发型。

点菜是一件令人头疼的事情，入席后，主人先请主客点菜，其余的客人也要一一让到。客人一般不好意思点名贵的菜，于是，客人点完后，全靠主人布局了。

点菜是宴会活动中最关键的一个环节。如果菜点得太少，就会怠慢客人；反之，点得太多，就会浪费。

中国菜点菜的顺序是：开胃菜、主菜、点心。一般情况下，点菜肴遵循这个顺序。

点菜时，要注意搭配。荤素搭配，肉类不易太多。软硬搭配，要照顾到老人和孩子，注意油腻食物不宜太多。色彩搭配，要注意整体色彩，色彩要尽量清爽诱人。口味搭配，要注意酸、甜、苦、辣，尽量满足大多数人的口味嗜好。冷热搭配，注意凉菜不要太多。

首先，要上几个凉菜，如果人多，可以多点几个肉菜，不够可以用普通菜来补充。一般说来，冷菜和热菜的数量是人数的两倍就可以了。

席间交谈时，要注意，千万不要使用粗话、脏话、黑话、气话，要说文明语言。语速要适度，口气要谦和，不要随便教育人、指责人。在谈话时，要避讳隐私、浅薄的话题。可以选择一些优雅、文明、格调高的、脱俗的话题，切忌涉及个人隐私，诽谤别人，以及令人反感的主题，谈话时不要随便、心不在焉，爱理不理的，也不要哗众取宠。

开始用餐时，要让长辈先用餐，动筷不能抢在长辈前面。吃饭时要端起碗。夹菜时，不要从盘子中间或者靠别人那边夹，更不能用筷子在盘里翻，眼睛不要老盯着盘子。一次夹菜不要太多。遇到自己爱吃的菜，也不要风卷残云般地猛吃。在吃饭时，要尽量自己添饭，并主动给长辈添饭、夹菜。遇到长辈给自己添饭、夹菜时，要道谢。

烟酒是宴会桌上的重要项目。

在抽烟时，首先要看有无烟灰缸，如果没有就表示禁止抽烟，如果有，也要先征求左右邻座的同意，空间太狭小，空气不佳时，不适宜抽烟。

不管是男士抽烟，还是女士抽烟，都不要在交谈时，把烟叼在嘴里，这样的动作有伤大雅。

谈起喝酒，酒文化是一个既古老又新鲜的话题，大多数酒宴都有一个主题，也就是喝酒的目的。喝酒首先要学会敬酒。敬酒前，一定要充分考虑好敬酒顺序。酒桌上的语言，显示一个人的才华、风度和修养，知道应该说什么，语言得当，诙谐幽默很关键。

在我国，大多数人好客，在敬酒时，希望客人喝得越多越好，但是喝酒要根据自己的酒量，量力而行。如果你禁不住主人的热情招待，不妨就装疯卖傻，让人以为你醉了，然后趁机离开。

一般说来，埋单应该坐在自己的位子上，而不要跑到柜台前掏出钱来结账。否则既不雅观，也不合乎餐厅礼仪。先核对账单再付款。看账单的目的，是看看菜是否已经上齐，以及总金额是否有错误。等一切确认无误，才掏钱，这样不会被认为是小气。

第三节　练好面试演说，告别职场“滞销”

时下，很多单位在招聘人才时，有一种观念，认为性格比能力更重要。甚至有些研究者认为，性格决定工作性质。很多人的失败在于，没有找到适合自己的工作。所以如何通过面试演说来呈现自己的性格优势就显得尤为重要。

渣打银行在招聘时，一位上海分行的主考官说过，金融行业是一个要求稳定、能把风险控制在可控范围内的人从事的行业，因此，他认为，银行工作的员工思想不能过于前卫，要求比较传统，性格稳定的人更适合这个行业。同样在一些单位招聘外向型人才时，不喜欢过于内向的人进来。

所以，根据自己的性格，找到一份适合自己的工作，会更加适应。反之，就要用最大的毅力来改变自己的性格，以适应自己的工作。

对于自我的了解，包括对自己性格和兴趣的了解。有什么样的性格，就去选择哪方面的工作。兴趣也是一个非智力因素，因为有了兴趣，就会想着把事情做好，哪怕遇到压力、困难、挫折，都会主动想办法来解决。因为干自己喜欢干的事情是一种享受。

1. 告别入错行，了解职场需求

对职业单位如果不了解，就把握不住择业的重心，择业的重心应该视公司的规模而定。简言之，大型企业选文化；中型企业选行业；小型企业选老板。

大型企业，要了解其文化，一般大型企业都是强文化，新加入的成员，只有认可和融入其中。从企业自身来说，他们在招聘时，也倾向于那些能够迅速理解和适应文化的人。IBM（国际商业机器公司）新员工进行培训时，流行一句话，如果自己的性格与公司的文化格格不入，公司是难以接受这样的员工的。

中型企业，首选行业。行业与企业的生存空间有很大的关系，行业的特性决定了未来的发展趋势和上升空间。

小企业，就是选老板。老板是企业的灵魂，老板即企业。所以，一个老板的观念、眼光、能力等对公司的生存和发展都起着决定性的作用。

对职场不了解，就会导致求职失败，或者选错行业。总体来说，现在职场需要两类人才：复合型人才，如英语＋管理，IT（互联网技术）＋法律等，这种人才市场的需求趋势，是我们在进行职业生涯设计时，需要认真考虑的；能力型人才，要有实际的工作经验，社会对于这类人才特别欢迎。

真正需要的人才，是能够把大学里学到的理论知识游刃有余地应用到企业当中去，并获得成功的人。所以，我们在学习上要两手抓。一手抓“理论”学习，一手抓“实践”经验。

人才是创建事业最珍贵的资源，是发展事业的核心。职场上的公司在争夺人才的同时，有几类人往往是“滞销”的、不受欢迎的。

（1）不善于学习的人

随着知识更新越来越快，人与人之间的较量变成了知识的较量、学习能力的较量，学习能力弱的人，竞争力肯定就差。

（2）情商低的人

人们常说，做事先做人，特别是一个人的人际交往能力、语言沟通能力、团队合作能力。在这个国际经济的大潮里，个人单打独斗已经难以成功，只有“抱成团”才能够成功。情商低的人与他人交际会存在一些问题，也很难成为“抢手货”。

（3）心理脆弱的人

现代社会生活压力变大，神经紧张和心理脆弱成了“都市病”。许多人自我封闭，害怕社交，遇到困难和挫折就无法承受，无法冷静处理突发事件。这些人难以在社会生存。

（4）没有职业规划的人

对将来有规划的人，未必一定成功，而没有规划的人，一定难以成功。没有职业规划的人，在每次求职时，对自己的目标都不清晰，也就很难在职场中取得一定的成绩。

（5）反应迟钝的人

如果反应迟钝，墨守成规，在这个日新月异的快节奏的社会里，最终将被淘汰。

2. 远离职场“滞销”，学会四种能力

要想远离职场“滞销”，需要学会四种能力。

（1）求知能力

求知能力，也就是学习能力。求知能力是认识世界和改造世界的工具，是人与人之间最大的差距。要学会最迅速有效地获取知识、处理知识和运用知识的能力。

真正的人才不仅要有求知能力，还要学以致用，否则学的再多，你也是白学。知识只有转变成生产力时，才会有能量。学习型人才要掌握广博与专精结合，由博转精的方法。

（2）做事能力

学会做对的事和把事情做对。做对的事，是一种判断能力，是一种眼光，就像案例里的开山的青年那样，眼光很大程度上决定了他比别人成功。把事情做对，是一种战术能力，主要解决该怎么做的问题。

（3）发展能力

发展能力，也就是学会生存和做人的能力。适者生存，适应了环境，才能生存。生存后再求发展。充分发挥自身的潜能，能动地改善环境，以求发展。

（4）共处能力

共处能力，即如何处理人际关系、团队合作以及竞争关系等。

第四节　办公室职员沟通的艺术

在职场中，下属如何处理与领导的关系，是很多职员头疼的大事。领导如何处理与下属之间的关系以达到沟通的目的也是需要学习的。职员与老板的关系是纯粹的经济雇佣关系，没有像亲情、血缘关系那样富有感情。所以，处理与领导的关系，就不能像对待亲人那样随便，需要小心谨慎，尤其注意说话得体。

1. 下属如何与领导沟通

下属与领导相处中有几点要注意的：女下属与男领导进行相处，要尊重而不献媚；男下属对上司，不要只会点头哈腰、忙着倒茶点烟，否则这样的“拍马屁”举止只会让真正有能力的领导小觑。

在与异性领导相处时，要注意自己的身体语言。不易与对方靠得太近。女性下属见男性领导时，着装要端庄大方，在举止、笑容、眼神等方面不要给对方造成什么样的暗示的误解，比如发嗲、喷洒过浓的香水、含情脉脉等，会让对方觉得你不能胜任工作，只会“媚术”，身体语言也不要轻佻放肆，这样容易给对方造成举止轻浮的印象。

在与领导谈话时，要注意察言观色，不要光顾着自己侃侃而谈，懂得留点时间给对方说。如果领导面露不悦或者默默不语，那就想一想是不是自己言辞过于激烈。如果领导看表，那就不妨咨询一下，是否需要改时间再谈。

谈话过程中，不要打断领导的话。即使需要插话，也不宜过多，要简明扼要。在谈话时，个人的礼貌修养也要表现出来，交谈过程中的一些细节，反映你的才干和修养，从而让领导更加认可你、欣赏你、重用你。

2. 把话说得动听，给领导留下好印象

在企业里，老板掌握着“生杀予夺”的大权，一不留神说错了话，也许自己就会被“炒鱿鱼”了。所以在和老板的相处中，懂得说话的艺术非常重要，如何把握和老板说话的分寸，有几个方面需要特别注意。

（1）不要替老板做决定，要引导老板说出你的决定

老板都喜欢善于汇报的员工而不是替他做决定的员工。

举一个例子，佩佩年轻能干，入职不到几年，就成为主力干将。几天前，新老板上任伊始，就把佩佩叫过来说：“佩佩，你经验丰富，能力又强，新项目就由你来做吧。”

于是佩佩挑起了重担，几年的职场经验告诉他，向老板汇报是绝对不能少的。但是在向老板汇报时，他喜欢说：“我决定如何如何……”老板听了很不舒服，好像下属骑到老板的头上去了。

佩佩不明白，自己犯了一个大忌，不应该替老板做决定，如果事事你都可以决定，那么老板还有什么用？

正确的做法是，列出解决问题的几个方案，让老板来做决定，你告诉老板：“这么重要的事情，我做不了主，还得靠您，您经验丰富，帮我做个决定才行。”这样老板会很高兴的。

（2）不要和老板开黑色玩笑，尽管这只是一个玩笑

开玩笑确实可以拉近上下级之间的距离，但是如果玩笑有人身攻击的成分，就是黑色玩笑了。效果就会适得其反。

青青是个喜欢开玩笑的姑娘，有一次，她看到老板一身簇新来上班了。西服和衬衫都是灰色的。青青夸张地大叫一声：“老板，穿新衣服了！”

老板很高兴，谁知青青接着来了一句："像只灰耗子！"老板顿时感觉很尴尬。

其实，黑色幽默体现着一个人的弱点，喜欢开黑色幽默的人是一个热衷于挑刺的人，这种人往往被视为"刻薄"，不讨人喜欢。如果这样开老板的玩笑，后果可能很严重。

（3）在与领导无话可说时，不妨谈谈对方的衣着变化

处理人际关系中一个重要的法则：赞美对方衣饰的变化，能够迅速拉近双方之间的距离。工作中，不妨多注意观察对方衣饰的变化，并进行适度的赞美，你会收到意想不到的效果。

3. 领导找部下谈话的公关演说

领导的演说是为了表达其思想、观点、学识，领导者要开展领导活动，必须善于运用语言，交流感情，传播信息，表达思想。这就要求领导者要掌握演说的技巧和规律。

领导者要根据不同的场合、对象、目的，有针对性地选择话题和表达方式，达到预期效果。领导者为了营造和谐的人际关系，应该多用建议、劝告的语言，表达委婉，而不是"应该""要""不要"等一类命令式的词。领导者的演说要有情感性，要真诚、质朴，切忌渲染、夸张。

泰山厂的行政领导干部王守东，每次见到来到城里的基层一线工人，总喜欢说："你又来了。"工人听了这话，很有意见，多次反映给厂长。工人们认为，好像自己经常跑到县城来，一副很不受欢迎的样子。

其实，厂长明白这位领导并不是这个意思，而是他说话不注意表达的艺术。后来，厂长找了个机会跟这位领导交谈，建议他见到工人来时，把"你又来了"改为"你来了"，随后问一句"有没有吃饭"

等，并建议他去买一本关于领导公关演说的书，学习一下里面的技巧。

这位领导欣然接受了厂长的建议，不仅买了书，还认真学习演说，并用在实践中。结果，再也没有人抱怨了。他的工作越做越出色。

到了1995年，厂里分过来一个刚刚毕业的大学生黄河，嫌厂里的工资低，进厂不久后，就偷偷地跑到南方打工去了。过了一段时间，他回到厂里打算把档案取走，正好碰上行政领导干部王守东。黄河以为对方要批评他好几个月没有上班的事，但是出乎他的意料之外，王守东说："从国家大局讲，人才流动是大趋势，你走是对的。你们的收入低，我以前没有怎么关心你们，是我的失职。但是你在厂里待过一段时间，应该也了解一些……"

接着，王守东把他个人的经历、企业的坎坷说了一遍，黄河听得热血沸腾。

此后，王守东问了黄河一个哲学问题："你说什么人最伟大，什么人最渺小？"黄河说："默默奉献的人最伟大，贪图势力的人最渺小。"王守东接着说："你说的话在理，不过我觉得能够坚持的人伟大，中途退缩的人渺小。你年纪轻、精力旺盛，正处在人生的黄金时期，就像我们公司一样，尽管现在挣的钱不是很多，但是前途不可限量。"黄河大受启发，最后，竟然答应要为厂里的发展贡献自己全部的青春和热情。

此外，领导与部下谈话，有四种功能会发挥很大的作用。首先是监督功能，能够获取管理工作的进度，监督各部门执行的情况。其次是参与功能，在研究执行过程中出现问题后，寻找解决的办法。再次是指示功能，从中传递上级对下级的指示。最后是知人功能，通过接触员工，了解他们的工作情况和内心的想法。

领导在和下属谈话时，很重要的一点就是要善于激发部下讲话的欲望。谈话是领导和部下的双边活动，若部下不愿意讲，谈话将陷入僵局。谈话交流是为了反映真实的情况，为此领导要克制专制、蛮横的态度，坦率、诚恳地消除对方的顾虑，让下属讲出真话。谈话过程要突出重点，解决实际问题。

在听取下属讲述时，领导不要发表评论性的意见，即使需要评论，也要在谈话的末尾，措辞一定要谨慎，以易于部下接受。谈话分正式场合和非正式场合，要善于利用一切机会。谈话是一门艺术，需要反复实践，才能达到高超的艺术境地。

4. 认真解决下属之间的冲突

作为领导有时需要面对这样的情况，两位雇员发生冲突，你不得不处理这样微妙的局面，那么在冲突没有升级之前，你应该怎样将这样的矛盾消除于无形？

你必须意识到，冲突是不会自行消失的，如果你处理不当，矛盾会升级。作为领导，你有责任恢复你部门的和谐气氛。有时候，你必须穿上裁判服，拿起哨子，担当起现场的裁判。

处理冲突时，有几点你必须牢记于心。

首先，你的目标是寻找解决方案，而不是指责某一个人。即使指责是正确的，也会让对方起戒心，结果反而不能使他们妥协。

其次，不要拿解雇来威胁人。如果你威胁了，就要付诸行动，否则，你就失去了信用，部下再也不会认真听你的话。

再次，要区别事实和假设。发现冲突的根源，才能找到解决的根本途径。

最后，坚持客观的态度，不要听信一方的片面之词。要认真听取双方的意见，最好的办法，让冲突的双方自己来解决问题。

5. 调动部下工作积极性的说话技巧

(1) 赞美部下

人人都有喜欢听“好话”的心理。领导者发现部下的优点，就要不吝惜肯定性的评价，这样会使部下深受鼓舞，从而下定决心干好工作。

比如，销售经理对业务员说：“最近你干得不错，能在市场疲软、交通不便、竞争对手频繁出手的情况下，能使销售额连续三个月保持发展势头，难得呀！现在我们遇到一个大问题，公司认真思考，认为只有你能担当这个大任……”

(2) 诱导部下

人在固执时，思想上会结疙瘩。领导这时候去调动他们的积极性，就应该放松他们的紧张情绪，引导他们走入正题。

(3) 点醒下属

思维敏捷的下属，一般自尊心都很强。领导们在调动他们的积极性时，切忌语言偏激，应该旁敲侧击，点到为止。

麦当劳总裁罗杰喜欢对分店进行突然检查。目的是发现问题，及时解决。

有一次，他在检查一家分店时，发现该店管理松散、效率低下，原因是经理们习惯于待在办公室里，坐在高靠背的椅子上，抽着香烟，遥控指挥。

于是，他对经理轻描淡写地说：“希望你把椅背锯掉。”经理很快就明白了罗杰的意思，仿效他的“走动管理”。结果，该店效率提高了，效益明显增长。

（4）退而求之

有的部下自我意识很强，甚至以自我为中心。领导要想调动他们的积极性，就先退一步，等到他们缺陷暴露后，再提出要求。

（5）刺痛部下

有些部下做事拖拖拉拉，缺乏紧张感。领导们在调动他们积极性时，就要重拳出击，把他打醒。

职场当中演说无处不在，办公室职员之间的沟通是门技术，也是门艺术，好的沟通就会达到出其不意的效果，从而让你的职场生活更加精彩。

第五节　建立融洽的同事关系

处在职场的人，每天大部分的时间都在公司，因此处理好与同事之间的关系就显得尤为重要。

1. 同事之间的交谈

从公司的角度来看，公司期望员工为了达到公司的目标，自动自发地与同事建立良好的合作关系，高效完成公司的各项任务，赢得客户的满意和取得合理的经济效益。从这层意义上来说，企业的人际关系，就是赢得客户合作的关系。

从个人角度来说，善于处理职场中的棘手问题、维护建立良好的职场人际关系，是职场成功的必要职业素质。人际关系不仅包括与领导相处，还包括员工之间的相处。

张天在一家事业单位做办公室文员，她性格内向，不喜欢和别人交流。每当遇到别人有事情征求她意见的时候，她说出的话总是很“刺”人，而且说话总喜欢揭短。

一天早上上班，自己部门的同事穿了件新衣服，别人都称赞“漂亮”“好看”，可是当这个同事问张天感觉如何时，张天直接回答说：“你身材太胖，不合适！”甚至还说，“这颜色你穿有点艳，根本不适合你的肤色。”

这话一出口，搞得同事很尴尬，当着这么多同事的面，把自己衣服说得一无是处，并且还攻击自己太胖，实在是忍无可忍，但是还是忍住了，为了“和谐”。

其实张天说得的确是事实。该同事的确是比较臃肿。太胖的人就谈不上什么身材，穿上再好的衣服也不怎么好看。但是当面说人家的不足，确是人际交往的大忌。

其实张天也意识到自己说的话不讨人喜欢，可是很多时候，她照样改不了自己的毛病，照样说些让人不能接受的话。久而久之，同事们把她排除在大集体之外，很少就某事再征求她的意见了。

尽管这样，如果偶尔有人需要听听她的意见时，她还是管不住自己，又把别人不喜欢听的话说出来。

最后几乎没有人主动搭理她，她变得更不爱说话，更内向了。

我们看到案例中的张天是交际能力的“低能儿”，如果你也是她这样的，要注意从现在开始改变自己了，否则，交际能力不仅影响你的人际交往，还能影响到工作、生活各个方面。

在同事之间要建立和谐融洽的人际关系，必须相互沟通。而要做到相互沟通，除了相互帮助、相互体谅之外，得体恰当的语言也是非常重要的。说话不讲艺术，容易使对方误解，以致造成同事之间的隔阂。那么，同事之间如何交谈才比较好呢？

2. 建立融洽的同事关系

我们每天上班时，和同事难免有话要说。说什么？怎么说？什么话能说，什么话不能说？都有讲究。

在职场上，说话不仅仅是一种信息和情感表达的方式，更是一门艺术。很多时候，有些人吃亏，就是因为没有好好管住自己的嘴巴。处理同事关系，要特别关注以下几点。

（1）说话要注意对方的年龄

对于年长的同事，最好谦虚、服从些。年长的同事往往经验比你丰富，对其尊重是最起码的。

对于年长的同事，最好不要轻易询问他们的年龄，因为很多人避讳这一点。在他们交谈时，你不必谈论他们的年龄，而只去赞美他们能干，你的话肯定会温暖他们的心，使他们重新感到自己还很年轻。

对于年龄相仿的人，可以随便一些，但是不要出言不逊，伤人自尊。与自己年龄相仿的异性说话时，尤其注意，不要乱开玩笑，态度暧昧，以免引起不必要的猜忌。

对于比自己年龄小的，应该保持慎重、深沉的态度。年龄小的人，思想可能比较冒进，与他们谈话时，注意不要对其随声附和，降低自己的身份。但也不要和他们辩论，执意坚持自己的意见；也不要夸夸其谈，卖弄经验，在自己的知识范围外信口开河，否则一旦被发觉，就会降低对你的信任和尊重。

（2）要注意对方的地位

对于比自己地位高的人，要采取尊重的态度，注意与地位高的人谈话，必须坚持自己的独立思想，不要做一个应声虫，使得他认为你唯唯诺诺，没有主见。

与地位低的人，也不要趾高气扬，应该和蔼可亲，庄重有礼。对于他在工作中的成绩应该加以肯定和赞美，但是也不要过于亲密，以致使对方感觉很放纵。不要以教训的口气说个没完没了，使对方感觉讨厌。

（3）注意对方的性别

交谈时，性别不同，交谈的方式也大为不同。同性之间交流会随便些，而对于异性同事，谈话时要特别小心。当然不是说要处处设防，步步为营，但起码男女有别。

比如，一个女同事，身体肥胖，你千万不要叫她“胖子”，但是男同事，叫他几声“胖子”，他可能丝毫不介意。再比如，你对你的女同事说：“你看起来很显老，到底多大了？”你这么说，恐怕你的女同事会记恨你一辈子。

男女同事之间讲话，态度要庄重大方，女同事切不可搔首弄姿，过于轻挑；男同事在女同事面前，多谈一些自己的冒险经历，谈自己的事业和自己的好恶，喜欢发表自己的意见，这样往往令女同事感到钦佩。所以，男同事要做好一个说话者，女同事要做好一个听话者。

（4）要注意对方的语言习惯和考虑彼此的疏远关系

我国地域辽阔，各地语言习惯不同，说话时要注意一些禁忌，学会入乡随俗。

同事之间也有远近亲疏关系。如果交情不深，你畅所欲言、无所顾忌，对方会怎么反应呢？

对于关系不深的同事，谈话时，可以聊聊闲天，海阔天空地吹一顿，而对于自己的私事，还是不谈为好。如果交往比较深，可以交流思想、促膝谈心，互相关心私生活，替对方想主意，排忧解难。这样可以增进双方之间的友谊，更有利于工作。但需要注意，不要说三道四，破坏同事的名誉。

（5）注意对方的层次和性格

如果对方喜欢委婉，你说话也要讲求一点方法。如果对方喜欢直来直去，你就不必绕来绕去，摆迷魂阵。对方喜欢钻研学问，你就必须有水平地说话，对方文化层次低，你就多与之谈论家长里短的俗事。对方喜欢推心置腹，你就应该多说一些质朴诚恳的话。

（6）注意对方的心境

对方心境不同，应该选择不同的话题。遇到同事得意，应该谈得意的事情。遇到同事失意，应该多说些抚慰的话。如果对方失意，你却大谈得意之事，对方不仅感觉你不知趣，而且感觉你在挖苦他。

如果对方在忙碌，你就不要去打扰他；如果对方正在焦急，你也不要和他去闲聊。如果不分场合地打扰对方，一定会碰一鼻子灰。

第八章
把握关键，提升演说水平

第一节　你真的把话讲清楚了吗

语言是传递信息最直接的方式之一，一个演说最基本也最重要的要求就是把话说清楚，简短的句式、真实的情感、清楚的事实、合理的逻辑等都是一个好的演说的组成要素。

1. 演说时要用短句

林语堂有句名言："演说要像女人的迷你裙，越短越好。"这句话的意思是说，演说不需要长篇大论，如果能在最短的时间内，用最少的语言把你想要传达的意思说清楚，那么你的演说会更受听众欢迎。

事实上，这句话对于演说语言同样适用。我们在演说中如果能够多用短句而不是长句，那么我们的演说表达就会简洁明快，不但自己说得轻松，听众也听得轻松。

下面这两段意思一样，语句不一样的演说，可以让我们更清晰地看出用短句和用长句的区别。

案例一

我内心很不平静地站在这个特殊的讲台上进行演说，虽然我工作九年来并没有干出过什么轰轰烈烈的事情，但是我可以自豪地、问心无愧地说我爱护自己的每一个学生并为他们的成长倾注了感情。都说人的一生中能遇上一位好老师是莫大的幸福。我希望我的学生因为遇到我、受到我的教育而备感幸福。

案例二

站在今晚这个特殊的演说台上，我的内心很不平静。参加工作九年来，虽然我没有干出过什么轰轰烈烈的事来，但是我可以自豪地、问心无愧地说，我一直用心关爱着每一位学生，用心关注着学生的成长。有人说，人的一生中能遇上一位好老师是莫大的幸福。我希望我的学生幸福。

把这两段话都朗诵一遍，你会很明显地发现第二段要比第一段听起来更顺畅。为什么相同的演说内容会给人不同的感觉呢？最主要的原因在于前者主要用复杂的长句，而后者多用短句。

2. 一次只说一件事

你越是想要把所有的意思一次表达出来，就越是表达不清楚。这种现象，不仅在演说中出现，在企业的日常管理中，也常常存在。比如，有的部门主管在给下属交代任务的时候，会发现下属往往不能如期完成。哪怕你给员工一讲再讲，他们还是会犯同样的错误。到最后，你只能感叹员工“太笨”。

其实，员工并不笨，笨的是领导。聪明的领导，在给员工交代任务时，一次只会要求一件事情，比如想做产品时，只谈产品，反复谈、反复要求，直到确定了大家都知道怎么做，并能如期按照要求完成时，他才会放手，然后再要求下一件事。

有些领导什么样子呢？他们会同时给下属交代许多的事情，设定许多的目标，然后希望下属同时实现这些目标。结果，下属虽然忙得团团转，最后还是一件事都做不好。因为要求太多了，做事时难免会顾此失彼，想起这个忘了那个。

演说同样如此。除了领导及一些专业演说家，大多数人都很少有机会上台讲话。正是因为上台讲话对很多人来说是难得的机会，所以不难理解，他们一旦上台，就会倾向于“有很多话要说”，而这恰恰是许多人演说搞砸了的根本原因。

无论演说时间长短，无论你有多少话要说，你在演说时必须遵循一次只讲一件事的原则。那种“花开两只，各表一朵”的技巧，只适用于小说写作，并不适用于演说。演说要想达到良好的效果，你必须保证“主题鲜明”。

3. 语言不好没关系，但要讲得真实

很多人在做演说时，讲得气势磅礴，“充满感情”，但其内容往往是空洞的，除了华丽的语言词汇，往往并没有真实的内容来支撑其演说，所以难以打动听众。

而有些人则不同，他们可能语言不华丽，说起话来也是磕磕绊绊，甚至需要思考很久才能说出一句话来，但是他们说的都是自己真实的想法和感受，所以他们更能够打动听众的心灵。

2005 年，台湾亲民党主席宋楚瑜来访大陆。他在清华大学做演说时，一直是近乎在念稿子，看上去不像演说。可是，在他演说的过程

中，台下的听众不断爆发出热烈的掌声。

显然，打动台下听众的并不是他的演说口才，而是他在演说中传递出来的那种血浓于水的两岸亲情，是那种发自内心的真实情感。

事实上，无论是应用类演说还是为演说而演说，“真实”都是最基本的要求。和写作一样，演说也包括内容和形式两个方面。为演说而演说，重视的是形式，是演说技巧，至于演说内容，反而不太被人看重。

所以，对那些偶尔需要站在公开场合演说的人来说，语言不好没关系，只要你能讲出自己真实的想法，保持你自己的风格，你一样可以赢得听众的掌声。

4. 多用定义，少用推理

“实力”怎么解释?

马云这样解释：“实力就是抗击打能力，你怎么打我我都不倒，明天又来了。”

“实力”的另一种解释是这个样子的：物质本身所具有的一切存在就称作物质的实力或能力，物质基本粒子的多少称作物质实力的量，物质的运动方向就是实力的作用方向。自然都是物质，物质都有实力，只有物质具有实力。

这两种解释，你会喜欢哪一种?显然，我们大多数人都会喜欢马云对“实力”的解释，虽然它不够准确，不够专业化，但是它更容易理解，更容易被记住。

在阐述一件事情的时候，要多用定义而少用推理，这是马云演说中的一个基本技巧。

有些人在演说的时候，为了说清楚自己的观点，或者为了证明自己观点的正确性，会使用一些推理性的语句。这看起来逻辑性很强，实际上却会影响演说的效果。

因为人们在听的时候，很难记住一个推理严密且语句很长的句子。反之，如果我们用定义性语句来阐述一个观点，听众就比较容易记住。

定义之所以简单易懂，容易被人们记住，就是因为它只阐述结果，但不告诉你这个结果是如何来的。而推理则因为要把结果产生的原因一一阐述明白，所以就需要严谨的演绎推理和归纳推理，结果就会导致讲的人心里清楚，听的人心里糊涂。

第二节 完美的演说离不开互动

1. 不要一个人唱独角戏

演说者与听众的关系，其实是“秤不离砣、砣不离秤”的关系，演说者是信息和观点的传播者，而听众则是信息的接受者。因此，高明的演说者，首先是一个善于倾听之人，他能深刻地洞悉到听众的心理，当他在面对听众时，往往一句话就能说到听众的心坎里。

任何一名演说者都应该清楚地认识到：你要想让听众接受你的看法和观点，你就要跟听众维持一种亲和而友善的关系，通过循序渐进的方式去引导你的听众，呼吁他们认同你的思想和价值观念。而在这个过程里，跟听众互动是必不可少的一个环节。

倘若你只是独自在台上滔滔不绝，而将听众当作一面墙、一棵树，让他们被动地接受你的观点和思想，你一定不会有良好的收获。因为在你的演说中，听众绝不是被动接受的“收听器”，你的演说是否成功，完全取决于听众主观能动的认知，取决于听众对你传播的信息的接受程度。

要想让听众心悦诚服地接受你的观点，你就要时刻跟他们保持良好的互动沟通，让听众将所有的注意力投入到你的演说之中，通过跟听众的互动和沟通，让他们发自内心地进入到你的演说情境之中，从而引发他们对你演说的共鸣。

世界著名男高音演唱家多明戈，每当他上台表演、面对听众时，他总是时不时地挥舞双臂，你可能会觉得司空见惯，但这个毫不起眼的手势，却让所有听众的目光都集中到了多明戈身上，全神贯注地听他演唱。

此外，这个手势还有一层特殊的用意，那就是暗示和鼓励听众为他鼓掌……本质上讲，多明戈此举就是一种无声的互动，他在用肢体语言跟听众进行交流。

在演说时，听众未必都是自己熟悉的，而演说者的观点可能也会跟听众固有的思维有些差异，甚至冲突。换而言之，演说者和听众之间是存在一定程度上的陌生感的，那么，如何消除这种陌生感，拉近与听众之间心灵上的距离，最有效的途径，就是与听众进行互动。

与听众进行互动，还可以营造和烘托活跃的演说气氛。我在一些比较轻松的演说活动中，总会在发言之前表明自己的态度："我喜欢讲话随意一些，如果大家有什么问题，随时可以向我发问。"我会尽量让听众相信，在接下来的时间里，我会融入他们之中去，我会在演说的这段时间里解答他们所疑惑的地方。

演说者在融入听众之中的时候，其实也正是听众融入到演说之中的过程。这种互动的方式，往往能够取得很好的效果。从心理角度上讲，作为一名听众，当他知道演说者愿意拿出时间来解答他们心中所想，或者是所关心的问题，他们会对这位演说者心存感激，会对他更为尊重，因而听众会专心致志地听他的演说。

出色的演说者，往往会在上台演说时向听众抛出一些问题，然后让听众回答，以这样的方式引出演说的主题内容，继而阐述自己的观点和看法，表达自己的内心情感，这样就营造了活跃的现场气氛，而且在情感上跟听众形成了互动，最终产生出不一样的演说效果。

2. 问得好，才能答得好

提问和回答构成了人们最基本和最重要的语言交际活动，通过提问和回答，可以获取信息，交换意见和交流思想，沟通感情，增进彼此之间的了解。

人们通过提问和回答实现语言的交流，怎么问，怎么答，里面的学问很多。向别人提问的时候，态度要诚恳，用语要礼貌。无论对象是谁，都要待人友善，充分尊重对方，说话避免使用粗俗、不文明的语言，不打探别人的隐私。在交谈中，要表现得热情大方，但也要把握好度。过于冷漠和拘谨，会产生隔膜，难以沟通；过分的热情，使人感觉做作，无所适从，使人产生戒备之心。

不管向别人提问还是回答，都要谦虚坦诚。为人谦虚，会给人留下很好的印象，向对方提问时，才能得到有效的回答。回答别人时，要坦诚，实言相告。

不同的场合和不同的对象，提问和回答的方式也不同。在工作中，不适合聊私生活；在娱乐的时候，不适合聊工作上的问题；在年长者面前，说话要谦虚；在年幼者面前，说话要和蔼可亲，诱导启发。

提问前，要先把问题思考清楚，让自己的表达有条理，让人一听就明白，在回答别人的问题时，要善于思考，反应敏捷。

(1) 以“问”开头，引起听众的注意

演说的开头是非常重要的，倘若在一开始就能赢得满堂彩，就意味着你的演说已经成功了一半。以提问的形式来开场，不但可以抓住听众的兴趣点，引起他们的好奇和注意，对你后面的演说洗耳恭听，而且也显得你的讲话干净利落、坦率直爽，给听众留下较好的印象。

复旦大学曾经举办过一场以“青年与祖国”为主题的演说比赛，一位同学在演说中就是以提问的形式开场的：“同学们，我向大家问一个问题：对于青年与祖国的关系，如何以一个字来概括？”

台下的同学有的在沉思冥想，有的在抓耳挠腮，有的在抬首望天，有的说出了自己的答案。过了片刻，他回答了自己的问题：“我的回答是‘根’！我们青年，以及所有的炎黄子孙都有一个共同的‘母亲’那就是中华民族；我们都是中国民族的子孙，都是她的根！”话音方落，全场响起一片热烈的掌声。

一句很简洁的话语，精辟地概括出了青年与祖国水乳交融的关系，以设疑的形式十分巧妙地吸引了听众的注意，给人留下非常深刻的印象。

（2）以“问”引向高潮，让听众热血澎湃

真正成功的演说，可以看作是一场思想和激情交汇的盛宴。这不仅要求演说者要有独特的思想和内涵，而且需要听众对其演说感到激情澎湃、精神振奋，如果达到了这种效果，便可看作是演说的高潮。如何做到这一点呢？演说者不妨以提问的形式推波助澜，引导听众进入演说的高潮。

萧伯纳曾在一次演说中这样说：“青春不是一支短命的蜡烛，而是一支火炬，我们要擎起这支火炬，让他发出耀眼的光芒和无穷的热量，然后传递给我们的子孙后代。那么，我们应当怎样让手中的火炬烧得更旺一些？我们如何让自己的青春绽放出更多的热量？我们怎样才能无愧于自己的青春和生命？愿诸君深思呀……”

萧伯纳在演说中一连串的提问，有如惊涛拍岸、气势雄浑，有如空谷足音、引人深思，听众们也在他充满激情的话语中心潮澎湃、热情洋溢，全场响起一片雷鸣般的掌声，将演说的气氛推向了最高潮，这就是提问互动在演说中所表现出的鼓动力量。

(3) 以“问”结语，令听众充满遐思

精彩的结束语，往往会给听众留下无穷的回味和遐思，给人以深刻的印象。以提问互动的形式作为结语是演说活动中比较普遍的结束方式。以“问”结语的妙处就在于，不仅可以对应主题，而且能够引发听众的深思，加深听众对演说的印象。

在一次以“维护社会正义，匹夫有责”为题的校园演说比赛中，一位同学在演说的尾声这样说道：“亲爱的同学们，在演说即将结束的时刻，我要说，只有懦夫才会对不义之举一再忍让。面对社会上的不义之徒，亲爱的同学们，你还会视若无睹吗？你还要袖手旁观吗？你到底要忍耐到何时？”

这位同学一连用了三个问语，表达了自己内心对不义之举的愤慨和不平之气，同时也是对听众的当头棒喝，即使他的演说结束了，听众们仍然在思考着他提出的问题，达到了“言有尽而意无穷”的演说效果。

总而言之，提问互动法在演说中扮演着非常重要的角色，只要我们善于揣摩和运用，就一定能引起听众们的注意，在情感和思想上与他们产生共鸣，从而让你的演说引人入胜。

3. 讲话内容要随着听众调整

李敖曾用八个字来评价胡适先生的演说——不能不听，不能再听。为何“不能不听”呢？像胡先生这样有名的大学问家，他的演说怎能不听呢？不听就是一种损失；而为何“不能再听”呢？听了第一次，再去听第二次、第三次的时候，还是那些陈词滥调。没什么新鲜的内容。

李敖的评论，不免有其狂妄与苛求的成分，但我们却可得出一个结论：千篇一律的演说是不可能获得成功的。演说的对象是台下的听众，每次演说时，我们的听众是存在着差异的，比如在知识、行业、背景、学历上的差异，因此，针对不同的听众，你的演说必须要经过灵活地调整，即便演说的主题是完全相同的，但是在内容和风格上必须要适用于不同人群和听众。

一言以蔽之，就是要求我们在演说时，要学会因人制宜，到什么山头唱什么歌。因为在演说时，我们要面对知识水平参差不齐的听众，因此我们就要顾及到每一位听众的感受，随时调整自己的演说策略，以便令每一位听众都能听得明白。

我们之所以很难掌握演说的艺术技巧，原因在于，我们要面对不同的人群和听众，因而在演说技巧上却没有固定的模式和标尺，需要我们“因人制宜”，针对不同的听众，寻找和选择出适用于他们的演说策略。因此，在演说以前，你不妨先将听众的心理、性情、教育背景、成长环境等，有一个初步的认识和掌握。

由于听众在自身条件上的差异，他们对于某一种观点的接受度和敏感度也都不尽相同。比如说，那些接受过良好教育的精英分子，如果讲得过于通俗肤浅，他们往往会不屑一顾，他们更倾向于“抽象性”的交流和沟通；若是跟一些文化层次相对较低的人，一味地在他们面前大谈一些高深理论，他们只会听得一头雾水，从而不能理解你的观点和思想。

演说之前，了解对方的性格是非常关键的一个环节。所谓“物以类聚，人以群分”，如果想要接近一个人，最好的办法就是体察出他的性格，然后投其所好，这样往往能迅速博得对方的好感，与之一拍即合。因此，根据对方的性格去决定自己讲话的策略，这是一种非常有效的途径。

第三节　听“音”才能辨“位”，成功的演说从倾听开始

1. 读人要读心，读心要“倾听”

一个优秀的演说者一定也是一个善于倾听的人。只有倾听别人，才知道对方心里在想什么，才知道对方想听什么话，才知道听众是不是了解了自己的意思。只有这样，才能说出得体的话，走进对方的心里，真正让自己的演说对听众充满吸引力。

而那些在演说过程中只顾自己滔滔不绝地讲，不给别人发言留余地的人，其实只是在炫耀自己。他们是自私的，根本不会顾及听众的感受。这种人，企图让自己完全掌控说话的主导权，本来就是不尊重听众的态度。任他们再如何慷慨陈词，如何神采飞扬，听众回应给他们的始终是冷漠的态度，或者给予驳斥、回击。

所以学会倾听是让听众接受自己的第一步，在演说的过程中，一定不要一个人唱“独角戏”，否则，自己只会成为孤家寡人，失去所有的听众。那说出来的话再好听都没有意义了。

一位学者曾经十分形象地用标点符号做比喻，提醒人们说话的原则。他说：“要成为一个受欢迎的演说者，不要用冒号，那是意味着你要说的小标题；避免用分号，那表示的是你事后的思考；可以多用句号，那表示你说完了；特别要用问号，那表示你将邀请别人谈话。”

这位学者讲的就是演说的时候要多倾听别人的道理，避免自己的一言堂。

其实，有些人的演说真的很好，他们口齿伶俐、见解独到，但往往吸引不了别人。这是因为他们在演说的气势上太过凌厉，一心想压倒别人，这带给听众一种非常不舒服的感觉，从而产生排斥心理。

另外，他们太急于把自己知道的东西说出来，不希望别人打断，看起来像在过度表现，虽然主观上没有不尊重别人的意思，但实际上已经造成了不尊重他人的事实。

所以，在演说过程中，我们首先要做一个听众，然后再做演说者。乐于倾听，善于倾听。能从他人的言语中判断这个人的文化修养，说话风格，说话思路。从微妙的语言中捕捉到他的感情态度，他的心理需求，他期待自己给予其怎样的回应。

这样，轮到自己演说的时候才会有的放矢，知道自己该说什么，不该说什么。说出来的话就会大方得体，得到对方的喜爱。

对于倾听的重要性，很多人都深有感触。

央视主持人刘建宏在北大演说时，告诫北大学生要做一个耐心的倾听者。他认为，很多人对演说的认识走入了误区。他说："很多人以为培养演说能力就是要训练自己表达的如何有技巧，如何华丽。殊不知，更高的境界在于听。因为演说不是一个人的事，它有着相互对立却又互相平等的双方。既然一方在说，另一方就必然需要去听。你永远都不可能一直说下去，因此，培养听的能力也是演说的一个重要组成部分。"

刘建宏还认为，如果一直在说，自己的技巧就永远停留在原地得不到进步，而倾听别人一方面可以让自己的耐心得到最大限度地扩展；另一方面也是更加重要的，可以从倾听之中学到不少关于演说的技巧。

刘建宏一针见血地指出了倾听的重要性，倾听不仅是在尊重别人，更是在提高自己。只有学会倾听，才能培养高超的演说能力。

（1）在倾听别人的谈话中，要专心、集中精力

倾听时，要停下手头的工作，集中精力听取谈话的内容。应该尽力避免外界环境的干扰，避免被别的事情打扰和分散注意力。专注的倾听，才能让说话者感觉到你的诚意。

（2）倾听需要有耐心

即使说话者的语言表达有所欠缺，或者比较凌乱，也应该保持足够的耐心。

（3）在倾听时，要与说话者保持良好的互动

应该对对方说的话表示出极大的兴趣。在对方讲话时，你应该注视对方的双眼，并适当运用一些肢体语言：点头、微笑、手势等，来表示你的专注和关心，调动对方说话的积极性，鼓励对方继续讲下去。

（4）把一切都听进来

我们所说的倾听，不仅仅是用耳朵去听，而是要用心理解对方所说的每一句话，判断对方说话背后的动机。倾听要做到“眼到、耳到、心到、脑到”。在倾听时，不要考虑如何去回答，不要急于表示不同的意见，否则，对方会认为你根本没有听进去。

在倾听时，还要注意，对于不明白的地方，必须及时向对方提问，让他重复或复述一遍，直到你准确无误地理解了对方的思想为止。听完后，将对方的意见归纳。在对方对你的归纳表示完全同意之后，此时你可以分析对方的发言，考虑如何作答。

2. 倾听讲话者的三种方法

书面语表达有保留性，而口语则转瞬而失。因此，在听话时，需要快速、准确理解说话者所讲的内容。听者要一边听，一边思考，弄清楚说话

者要表达的内在意义。

在谈话告一段落后，要求能够准确概括出、列举出说话者的要点、观点和一些重要信息。这些重点包括：说话者说的事情有几件，最重要的事情是什么？说话者提到了哪些人物，人物的名字需要记下来。谈话中提到的重要的时间、地点和事物。

有时候，说话者可能不方便说出一些东西，便用委婉、迂回的口气表述出来。这时候，就应该听到说话者话里有话，有“潜台词”。

善于倾听的人有三种倾听的方法：

（1）“迎合式”倾听

对对方所说的话，采取迎合的态度，实时地对对方的话表示理解，可以简短地插话。这样容易消除对方的对抗心理，让对方放松警惕，滔滔不绝地向你吐露他的意见和想法。当然，我们对他的话表示理解，并不代表我们赞同他的说法。

（2）“诱导式”倾听

在谈判的过程中，适当地提出一些问题，诱导对方说出他的想法。对方可能在不知不觉中，说出了他原不该说的话。

（3）“劝导式”倾听

当对方说话偏离了主题，不知不觉把话题转移了时，你要使用恰当的语言，把话题引导到主题上，说话要自然、委婉，不要让对方反感。如果对方认为你打断了他的话，那就得不偿失了。

3. 专注聆听，让对方向你敞开心扉

人际沟通的真谛，不在于一味地向对方炫耀自己，而是要善于鼓励对方多说话，让他展示更多的才华。要想钓到鱼，就要像鱼一样思考。假如你希望得到对方的关注，那么你就应该先关注对方。

也就是说，在跟对方交流的过程中，我们要先学会做一名听众，专注

地聆听对方的谈话，只有这样我们才能打开对方的心扉，令他在愉悦的氛围中表达自己的观点和看法。

不管是声名显赫的大人物，还是普普通通的市井百姓，他们都有一个共同点，那就是喜欢跟善于聆听自己讲话的人打交道。专心致志地倾听对方发表自己的意见，其实是一种很高明的恭维方式。尤其是当对方的意见和观点跟我们不尽相合时，专注地倾听是打动他们最佳的沟通手段。倘若对方是一位吹毛求疵的人，或者是食古不化的呆板之人，他们往往是最不容易被说服的，然而他们身上当然也会存在弱点，只要我们具备足够的耐性，富于同情心，专注地聆听他们的诉说，他们顽固的思想，也会像春日里的冰雪一般被融化的。

在日常交际中，我们可能会碰到这样的现象：当一个人愤怒的时候，倘若你能保持缄默，并且认真地倾听对方的意见，他对你那种不友好的口吻和态度，迟早也会变得温和起来。这就是倾听的魅力所在！

再比如商业谈判中，专注地聆听对方，往往能促进双方顺利地展开合作。曾经有位学者发表过这样一种观点："成功的商业合作，本没有任何秘诀可言。然而，当谈判对手在讲话时，你必须要专心致志地倾听，这一点极其重要。因为没有人不喜欢让别人来倾听自己的故事，你在聆听对方的时候，往往会使他们感到很开心。"

有一天，卡耐基收到了朋友给他的一张邀请函，希望他能来参加一次桥牌聚会。卡耐基对于桥牌是一窍不通的，而在这次聚会上，恰巧一位美丽的女士也不擅此道，于是他们就坐下来聊天。那位女士问："先生，您能告诉我您所游历过的名胜古迹吗？想必您一定见过许多奇妙的景致吧？"

卡耐基说："我已经很久没有出去旅游过了。我想，夫人您一定是交游广阔的人，能跟我分享一下您的旅游经历吗？"然后那位女士对他说，她跟她的丈夫刚刚去过非洲。

卡耐基接着问道："非洲？那可是一个很有趣的地方呀！其实我一直想去非洲看看的，可是我曾经只在阿尔及利亚住过一天，其他地方都没有涉足过，真是很羡慕你们，您能给我讲讲您在非洲的一些见闻和景致吗?"

然后，那位女士很高兴地讲了起来，他们的那场谈话足足持续了一个多小时，当那位女士谈论完自己的旅途见闻以后，并没有继续追问卡耐基去过哪些地方，见过哪些美丽的风景。事实上，她并没有真心想要知道卡耐基旅行过的地方，而是她需要有一个人倾听她的说话而已。之前对卡耐基的提问，只不过是引出她说话的主题而已。

在现实生活中，像这位美丽的女士一样的人并不罕见。卡耐基非常敏锐地洞察到这一点，所以他并没有在这位女士面前夸夸其谈自己的旅途见闻，而是巧妙地将话题转移到了这位女士身上，让她畅所欲言地谈论自己。于是，当对方在向卡耐基诉说的同时，对卡耐基的好感也得到了进一步加深。

哥伦比亚大学校长巴德勒博士曾经说过："有些人之所以讨厌，就是由于他们的自私心和自重感在作祟。那些只知道谈论自己的人，都是下面一些不可救药的缺乏教养者，无论他受过怎样的教育，从本质上讲，他都是一个没有教养的人。"

对于隐藏在倾听中的恭维艺术，是很少有人会拒绝的。因此，如果你想成为一名公众演说的高手，那么你就要先做一名专注的倾听者。做到善于倾听并不困难，只要你多询问一些他感兴趣的话题，并且鼓励他谈论一些自己的事情，仅此而已。

在倾听对方的过程中，我们应该把握下面一些小的细节：

（1）找出对方话语中的关键词

当对方在向你谈论自己时，会不时地描绘一些具体事实的关键词，根据这些关键的字眼，我们或许可以从中获取一些信息，而且这些关键词里可能也隐含着对方的一些兴趣或情绪，透过这些关键词，我们找出对方感兴趣的话题，这样有利于跟对方进行更深入的沟通。

此外，找出对方话语中的关键词，也能使我们更加从容地与对方交谈。比如，我们可以在发表自己的观点时，掺杂对方所谈论过的一些重要内容，对方就会感觉我们对他的讲话很感兴趣，听得很认真。当他们被尊重和被重视的心理被满足后，自然也就对我们增加了好感。

（2）语言上积极配合对方

当对方在谈话中讲到某一点时，你可以用几句简短的话“插科打诨”，以此表示你对他所谈论的话题很有兴趣，比如“原来如此”“太好了”“真的吗?”等。你也可以向对方提出一些疑问，让他为你“释惑”，这样会让对方感觉你的确是在很用心地倾听他的讲话。不过要切忌一点：倘若对方还没有开口讲话，就不要急着滔滔不绝地发表自己的观点，抢了对方讲话的机会。

在跟对方交谈的过程中，即使对方的观点你不认同，也不要鲁莽地反驳或者纠正对方。因为你的观点也未必全然正确，况且若是贸然去纠正他的观点，就会将对方置于难堪的尴尬境地，因而也就失去了跟你继续交谈下去的兴趣了。倘若你有跟他不同的观点和看法，可以在对方讲话结束以后，再以一种恰当的、不失和气的方式去阐述自己的意见，但切记不要在对方谈话兴致正浓的时候去打断他。

（3）倾听中巧妙地运用眼神和肢体语言

在人际沟通中，目光和眼神往往能流露和传递出很细腻的感情，在人际交往中起着非常重要的作用。在倾听对方讲述自己的经历或观点时，为了表示对他的尊重，我们最好是双眼凝视着对方。无论对方是什么身份、什么地位，我们都应该这样做，只有这样才能让对方感觉我们是在很用心地倾听他的讲话。

还要学会利用自己的肢体语言，暗示或鼓励对方谈论下去。比如向对方颔首会意，绽放出一个微笑，或者稍微欠下一下身。而若是在对方面前，你表现得像磐石一样，纹丝不动，就会让对方产生一种错觉，认为你心不在焉，导致他失去谈论的兴趣。需要提醒的是，当你在利用肢体语言的时候，动作幅度不宜过大。

4. 给听众留出想象的空间

国画大师齐白石先生画虾，可谓一绝。可是，他从不在画中加上水，奇怪的是，虽然画中无水，他的画却好像更能让人想象出“虾在水中游”的神奇效果。

心理学家将这一现象称为“空白效应”，意思是说，故意设点悬念、吊一吊胃口，给他人留下想象的空间，更能激发人的好奇心和求知欲，让大脑变得活跃起来。而“满堂灌”、全盘告知后，人们不仅容易产生心理疲劳，大脑的创造性思维还可能受到压制。

人在感知世界的时候，如果感知对象不完整，便会自然地运用联想在头脑中对不完整的感知对象进行补充，直至完整。人们对经过联想去“补充”的感知对象，会产生更强烈的心理效应，不仅印象深刻，而且更容易记住。

“空白效应”不仅可以应用于艺术作品的审美欣赏，同样可以应用于我们的日常说话及演说中来。日常说话时，如果我们也能学着留点空白，也许会事半功倍，让别人的思维不得不跟着你“穷追不舍”。而在给他人提意见时，如果我们能说个引子就打住，让对方自己反省，对方对你的建议也许会更加认同。

缺乏经验的领导在教育下属时可能会对之进行喋喋不休的批评，这很容易导致下属产生逆反心理，如果下属是个“刺儿头”，他甚至会和领导当场顶撞起来，让领导很没有面子。其实，有经验的领导在教育下属时会很自然的使用“空白效应”，有时候，他们的一个眼神、一句问候、一句玩笑话就可以让下属心领神会，心存佩服和感激。

演说也是这样，在演说过程中，如果我们能适当留一些空白，会取得更加良好的演说效果。

> 马云曾专门提到过在演说中让听众考虑的重要性，他说：“一个好的演说或一个好的思想沟通者，他讲的15分钟可以让你去想15个小时，而不是讲两个小时大家就笑两个小时，过去就过去了。在杭师院读书的过程中，有很多讲座给我留下了很深的印象。我希望今天我们两个小时的沟通中，也许中间的一个句子也许中间的一个故事能让你去反思一些问题。”

虽然马云在上面这段话中并没有明确表明演说要留空白，但他的意思很明显：演说必须激发出大家思考的兴趣。显然，要想激发大家思考的兴趣，演说中留白就是一个必需的技巧。

如果你在演说中“竹筒倒豆子”，把所有的东西都解释得清清楚楚，听众就会完全跟着你的观点走，而失去自我思考的空间。尤为关键的是，当听众完全跟着你的观点思考问题的时候，他们会很容易失去判断力，哪怕你的观点可能是错误的，他们也会不自觉地接受。

演说中的留白，还涉及一个语气停顿的问题。有的人认为，演说中的任何停顿都可能会被听众误认为你“卡壳”，所以，演说最好不要做任何停顿，而要如行云流水般一气呵成。还有的人则不敢停顿，他们害怕给时间留下空白会导致自身紧张，所以总希望在演说时能够滔滔不绝。

其实，这都是一些认识误区。因为在演说中，有时无声语言更能表情达意，适度停顿更能引人入胜。而且，如果演说的速度过快，我们很容易产生紧张感，声音也很容易发抖，一旦到了这种失控状态，要想再慢下来，会变得更加困难。

适当的停顿是演说中的一种无声语言。大多数吸引人的演说，通常都不是一气呵成的那种，而是适当的停顿、静默，然后多转折、多变化的引人入胜的那种。

林肯经常在谈话途中停顿。当他说到一项要点，而且希望他的听众在脑中留下极为深刻的印象时，他会倾身向前，直接望着对方的眼睛，足足有一分钟之久，但却一句话也不说。这种突然而来的沉默，可以瞬间吸引听众的注意力。在演说过程中，因为各种原因造成的嘈杂混乱的现场情景总是难以避免，演说者这种语流的突然中止和短暂间歇，可以使每个听众都警觉起来，从而改变他们的视听意向，产生静场效应，为演说的顺利进行创造条件。

说话时略带停顿，是一种需要灵活掌握的技巧。有意识的停顿，不仅能使讲话层次分明，还能突出重点，吸引听话人的注意力。而且，适当的停顿，能使说话的意思前后互相照应。显然，只有条理清楚，你的话才具有说服力，并表现出较强的逻辑性，使别人佩服你讲话的老练和娴熟。如果不懂得适时的停顿，滔滔不绝地一直讲下去，就会使人有急促感，显示不出你的感情和力度。

当你转换语言、提出重点、总结中心思想、概括主要内容时，需要适时地进行停顿，而静默的时间一般不要超过 10 秒钟。特别需要停顿的地方，也不宜超过 1 分钟。

另外，如果你想表达内心的激情，讲话就应该抑扬顿挫，所以停顿不只是声音的静止，还是一种无声的心灵之语，它往往配合动作手势。比如低头沉思、双手握拳、做激动状等，说到关键处，双目凝视、深深叹息、皱紧双眉做痛苦状、抬头仰望天空等。

第四节　打造你的魅力演说

1. 演说只是形式，真诚才有内涵

出色的演说，通常会被冠以滔滔不绝、妙语连珠、富有煽动性等特征。其实，这只是演说的外衣。真正打动人心的演说不在于这些包装，而在于心与心的碰撞。

任何的演说，本质上都是人与人之间的沟通。而有效地沟通是真正走进对方的内心，引起对方的共鸣，这就需要真诚。

真诚的演说能把内心真实的想法传达给对方，能把自己最真实的情感表达出来，能真正地顾及听众的感受。所以，演说只是一种形式，真正抓住听众的是通过语言所传达出来的真诚的心。

央视主持人刘建宏曾经在北大做过名为“口才成就人才”的演说，他提出了“演说只是种形式，人最重要的贵乎于真诚”的观点。作为以演说为职业的演说者，他多年来总结的关于演说的经验无疑具有强烈的说服力。

作为《足球之夜》的栏目负责人，他经常会面试一些刚刚毕业的大学生，他发现，虽然现在的大学生普遍比较自信和自我，并且掌握了至少一门以上的专业技巧，但他们的演说能力比较欠缺，原因就在于缺乏真诚。

无论一个人演说的底气有多么足，他如何自信，如何侃侃而谈，没有真诚的态度，他说的话就不会进入对方的脑海。因为没有人会认真听他讲什么，他所有的技巧都会被认为是种表演，甚至被认为是虚情假意、油嘴滑舌、随意轻佻，让人备感厌烦。结果，他之前为演说技巧倾注的种种努力都变成了无用功。

所以，提高演说水平的途径，不是去背诵那些华丽但空虚的词语，不是去纠结于每句话的句式怎样安排，也不是停留在那些能让演说澎湃激情的技巧上，而是抛弃那些所谓的技巧，找回你真诚的心，只要你用心与听众交流，把他们的注意力牢牢控制在你身上，你的讲话就会有超乎寻常的吸引力。

虽然现在的社会比较浮躁，人们急功近利，缺乏真诚，但你要相信，人们都渴望能够真诚地与他人进行沟通与交流。虽然很多人碍于面子或者现实的逼迫，无法真实地表达自己，但如果你能把听众真正想听的说出来，用真诚的心与听众交流，他们就会对你产生由衷的敬佩，也会为自己的想法被理解而感动。真诚的态度能让人感觉到你讲话的诚意，知道你的讲话是有内容的，不是胡编乱造忽悠他人的。了解了这些，听众就会用严肃的态度对待你的演说，认真思考你演说的内容。

他们甚至会因为你的真诚而反思自己的虚荣、恐惧。所以，当你表达你的真诚的时候，不要有任何顾虑和负担，因为你做了所有人都认可的事情。真诚是人性共同追求的东西。

如果一开始就大侃特侃，说一些不着边际的话，听众也就不会买账。当你在演说的过程中真实地表达自己的情感，就会引起对方的共鸣，因为情感沟通最容易被他人理解，情感的交流最容易拉近人与人之间的距离。所以，演说只是形式，真诚才有内涵。

2. 内向者也能练出优秀的演说

很多人都有这样的误解，拥有卓越演说能力的人都是性格外向的人。内向的人一般都不会演说。其实大多数人都犯了一个思维上的错误，把会演说等同于爱说话了。

诚然，性格外向的人比较喜欢说话，由于喜欢交际，他们可能会随时随地把自己的想法说出来。而内向的人则不太喜欢用语言表达自己，有些想法也不愿在众人面前表达。

所以，大多数场合，我们听到的都是外向者的声音。经过时间的强化，就会认为外向者会演说，内向者不善于演说。就连内向者本人也不知不觉地认可了这样的观点，更不注意发现和培养自己在演说方面的能力。在这样普遍的误解中，演说成了外向者的标签，而与性格内向的人无缘。

其实，演说的好坏与性格没有必然的联系。很多人怀疑自己：以我的性格可以成为演说家吗？其实，性格内向并不阻碍自己通往演说家的路，自己需要做的只是提高自己的能力，对于性格方面问题，大可放置一边，毕竟“江山易改，本性难移”。

很多演说很好的人，小时候也很内向。著名喜剧作家萧伯纳，在年轻时非常胆小、害羞、不敢演说。经常有朋友请他吃饭时，他会在朋友家门口徘徊良久才迟迟按下门铃。

一次学术研讨会上，一位朋友请他上台演说，结果他非常紧张、非常狼狈地结束了自己的演说，遭到了大家的嘲笑，萧伯纳自己也感觉非常丢人，但是这位年轻人并未从此放弃，他利用一切机会在广场、公园、车站等地方进行疯狂的演说练习，最终经过上千次的练习，终于成为一名演说家。

所以，性格内向的人同样可以成为演说家。

我们甚至可以说，内向者更容易练出演说家。内向的人内心更加敏感，他们的思考会多于说话，他们说出来的话基本都是经过慎重考虑的，分寸拿捏得会比较好，有理有据，全面得体。

所以，他们的一句话可能会比外向者的一席话更能打动对方，更有吸引力。有了这样的底子，他们练习演说就比较容易，只要敢说就能说到位。好口才并不是夸夸其谈，关键是说在点子上。内向的人在这方面更有优势。

3. 关联效应

说话是语言的传递，演说是艺术的语言传递，除了讲究演说内容要到位之外，成功的演说还需要一些“附属品”来装饰。说话的内容一旦有了合理的点缀，会更加的熠熠生辉，从而成就演说，这就是关联效应。

出色的演说都包含着细节上的小技巧。演说时的语气、语速、表情都是这种小技巧。

演说语气太平，没有抑扬顿挫，那就等于念经，不管内容多么精彩，听众都会呼呼大睡。所以演说的时候一定要注意语气。如果语气能根据不同的内容，不同的思想感情随机变化，就会起到一个强调的作用，注意力涣散的听众也会被重新拉回。

语气的变化还能增强语言的感染力，你想传达给听众的东西就能引起听众的思考。如果想让听众顺着你的思路走，跟上你的节奏，就必须注意语气的灵活变化。

语速也同样很重要，如果演说像蹦豆子一样一气说完，听众很有可能完全不了解演说者在说什么，还容易产生怀疑，误认为演说者怯场。但如果说话像蜗牛爬行一样慢，就会显得拉腔拖调，给人以愚笨、迟钝、缺少教养的感觉，听众可能会愤然离席。即便是普通的演说，如果语速的掌握有偏差，也达不到交流的效果。所以，出色的演说一定要在语速上把握得十分恰当。

另外，无论是正规的演说还是普通的谈话，倾听者不仅是听众，他们还扮演着观众的角色。他们会把注意力锁定在说话者的脸上，这时候表情的作用就十分重要。面部表情是能够传情达意的，它是人的内在思想感情在外貌上的彰显。演说者表情的细微变化会引起听众心理上的某些反应，经验丰富的演说者，总是充分地利用面部表情，表达出丰富的思想感情，进而吸引听众，影响听众。

所以，演说者要十分注意并且好好运用表情因素。富有感染力的表情一定会为演说加不少分。

美国著名的教育家戴尔·卡耐基在说到罗斯福总统演说时，说他全身好像一架表现感情的机器，他满脸都是动人的感情。这样使他的演说更有力，更勇敢，更活跃。

当代著名演说家、演说理论家邵守义演说时脸部表情丰富多彩，丰富的表情后面表现着复杂的思想情韵。

当你觉得自己能用很流畅的语言表达独特观点的时候，千万不要以为自己已经拥有了卓越的演说能力。一定要有语气、语速、表情的恰当把握和协调配合，这几个要素能让你的演说更鲜活，更赋有语言生命力，更容易走进听众的内心。

不管是平时的讲话还是演说，一定要注意语气、表情和语速，有意识地纠正这几个方面的不足。如果在这些必要的“点缀”上做到极致的话，你会获得更多的听众。

4. 懂得分享

其实，演说的过程也是一个分享的过程。演说者与听众分享自己的故事，分享自己的经验，分享自己的心情，分享他人的故事。可以说，没有分享，不成演说。演说者的每一句话，只要是说给别人听的，就是把自己的想法分享给别人。

凡是有效的、愉快的演说，演说者一定是在真诚的、用心地分享自己的东西。当听众听到演说者讲述自己的故事时，会特别用心地去听。因为这样拉近了双方的距离，让听众觉得有强烈的真实感。

演说者讲述自己的故事，就证明他真正地向听众敞开了心胸，其中包含的诚意也让听众感动，自然会认真地听他的演说。分享自己是让他人走近自己、倾听自己的重要途径。

演说更需要分享，听众之所以去听演说，就是想从演说中收获点什么。演说者如果不把自己的经验分享给听众，那演说本身就是失败的。大家都不愿意听那些空洞的高调的言论，都希望听到实实在在的，对自己有所启发有所帮助的东西。

所以，真正优秀的演说者是思想和经验的分享者，他们说出来的话都是自己多年经验或深入思考的结晶。特别是名人的演说，听众对名人的期待就是把他们的故事，把他们的经验分享出来。很多名人的演说大部分的时间都是在讲自己的故事，通过自己的故事告诉听众他们生活的体验、成功的经验。

2008 年，俞敏洪在北京大学开学典礼上发表了一篇演说，这篇演说几乎通篇就是用自己的故事串连起来的。他讲到了自己为了吸引女生注意而帮女生扛包的经历，讲了第一次开班会因普通话不好而被同学戏称为说日语的经历，讲了自己读《第三帝国的兴亡》这本书的经历，讲了自己几次落榜后考上北大的经历，还讲了自己从小喜欢打扫教室卫生、帮同学打水的经历。

这些都是一些很小很小的故事，但正是这些小故事拉近了俞敏洪与北大学生的距离。因为这是俞敏洪自己的故事，他讲得真诚、讲得流畅，让学生们感觉他是个优秀的企业家，更是一个普通人。

他所说的故事，他的这些经历台下的同学也遇到过，也许他们有相同或相似的故事。所以，大家听起来饶有趣味，好像在听别人说自己的故事。

另外，俞敏洪作为一个成功人士，讲自己的故事更加有说服力。

他不必去讲那些听起来非常高深的大道理，也不需要借助其他人成功的事例来支撑自己的观点。他本人就是立体的经验，只要把自己的故事、自己的体会讲出来就有最大的说服力。

不仅是名人，就是我们普通人，与他人说话的时候也要懂得分享自己。无论阐述什么观点，什么思想，自己的故事、自己的经验才有最强的说服力。这样会让对方觉得自己的想法、经验不是凭空捏造出来的，是经过自己的亲身体验证明了的，是真实的。

这样，对方才会欣然接受你的提议，同意你的观点，即使有所异议也一定会认真思考你说的话。分享自己会让自己的话更有说服力，会让听众更加信任自己。

（1）分享你的梦想

分享让自己的话更有说服力，让自己的演说更能吸引听众的注意。我们要懂得分享，更要学会分享。

学会分享自己的梦想。有人会说，梦想有什么可分享的？都是一些没有实现的东西别人会喜欢听吗？这样想就错了。这个世界上没有梦想的人太多了，好多人都是抱着过一天算一天的态度生活，不知道自己想要什么，也不敢想象未来的自己会达到一个什么样的高度。

我们要承认，有梦想的人一定是有想法的人，只要一谈到自己的梦想，他们一定会有很多话要说，有很多思想要表述。他们比那些没有梦想的人说出来的话更有见解，他们的观点更加独特，他们会说出一些一般人想不到的东西。听有梦想的人讲话，大多不会走神，因为他们会讲一些很新鲜的想法，把人的注意力紧紧地吸引在上面。

有梦想的人在讲自己的梦想的时候，一定是充满憧憬的、神采奕奕的，他们情绪高涨，身上散发着一般人没有的激情。这些都让诉说自己梦想的人身上有一种迷人的光彩，听众会自然地被他们所感染。即便是认为他们的梦想不可能实现，也会被他们身上散发出来的魅力而感动，也会赞叹他们勇于追求梦想的勇气。

我们都有这样的经历，谈论自己熟悉的东西会特别顺口，谈起来滔滔不绝，很有演说家的感觉。梦想就是自己最熟悉的了，在讲述自己梦想的时候，永远都有话可说，说起来也会特别的流畅。优秀的演说往往是在这个时候表现出来的。所以，要训练自己的演说，不妨多向别人分享一下自己的梦想。

有梦想的人，不要羞于谈论自己的梦想。梦想是美好的东西，它也会给人带来一些压力。因为梦想毕竟是遥远的，实现梦想的路一定是困难重重的。各种挫折会给人带来很多的苦闷，坚持梦想也会让人特别累。这是所有心怀梦想的人都会经历的心路历程。这个时候，把自己的梦想倾诉给别人听，会缓解内心的压力，找回坚持梦想的勇气。同时，如果对方也是一个有梦想的人，那么你们内心承受的压力是相似的，对方听你讲话会产生内心的共鸣。对方会聚精会神地听你演说，努力寻找你们之间的共同点获得内心的安慰和情感上的共鸣。如果对方是一个没有梦想的人，会更愿意倾听你的梦想。他们能从你的讲述中了解真正的梦想是什么，思考自己没有梦想的生活，会急于从你身上获取关于梦想的信息。不管面对任何人，只要分享自己的梦想，就一定会有倾听者。

美国黑人运动领袖马丁·路德·金有一篇著名的演说，叫作《我有一个梦想》。这是一次伟大的演说，至今还在全世界广泛流传。当时，演说的教堂里座无虚席，连楼厅和过道里都挤满了人。他的演说让在场所有的人激动不已，人们跟随着他演说的节奏不断地给以肯定性的回应，人们的情绪随着他的话语而改变。当他从讲台上走下来的时候，人们还沉浸在他的演说中，竟然茫然不知所措。在他走出教堂的时候，鼓掌声一直跟随着他，教徒还探着身想触摸他。这场以梦想为题的演说鼓舞了黑人勇敢地为争取自己的权利而斗争，也激励了全世界的人为梦想而奋斗的勇气。这就是分享梦想的巨大力量。

所以，有梦想的人，一定要在适当的场合分享自己的梦想，梦想会让自己的话语充满吸引力，演说也会因此而展现出来，更会深深地吸引听众的注意力。

（2）分享你的经历

出色演说的重要标准是让听众乐意听自己讲话。如何吸引住听众？这就需要分享自己的经验。

我大学里有一位女同学，别人都特别愿意听她讲话。只要有她在的地方，往往以她为中心围成一个小圈子，大家都在认真地听她讲话。只要她一开口，就能把旁边的人吸引过去。

她有如此大的吸引力，不是因为她说话多么动听，而是因为她特别善于分享自己的经验。例如谈到购物，她会告诉大家什么时候商场打折，哪个商场的质量比较好，如何用较少的钱买到自己满意的东西。她不是凭空乱说的，说完一条，就会用自己的购物经历去佐证，告诉大家她什么时候去买什么东西，原价多少钱，自己实际花了多少钱，东西的质量如何。如果那件东西正好在手边，她就会拿出来给大家看。

再比如说，她会告诉对方上哪个网站能搜到自己想要的东西，输入什么样的关键词才能快速地搜索出来，并且亲自实践给对方看。

我这位同学每次说出来的话大家都深信不疑，别人都喜欢听她讲话。最主要的原因是她向大家分享了自己的经验，用自己的切身体会论证了经验的正确性，她的经验让人信服。所以，当她说话的时候，会牢牢地吸引住大家的注意力。她的好口才也是有口皆碑的，可见分享经验对展示口才的重要性。

分享经验是让别人从自己这里获得启示，对方感觉到从自己的经验中获得了帮助，进而就愿意听自己演说。除了分享经验，我们还要学会分享自己的故事。把自己的故事讲给别人听等于是在交心，对方能感受到你说话的诚意，愿意做你忠实的倾听者。

同时，人与人之间的经历往往有一些相似的地方，你所经历的别人恰巧也曾经经历或者正在经历。你在说自己的故事，也是在说对方的故事。对方会有一种遇到知音的感觉，自然会好好地听，认真地听你演说。这是架起双方沟通桥梁的最有效的办法。

邦妮·丹瑞斯曾经在Gartner Group（高德纳咨询公司）做过咨询员。邦妮每年都会把记录着她一年工作情况的记事簿发给所有的同事和联系人。她会把自己的新闻和比较有趣的事都记下来，不论是工作上的还是家庭生活上的。她甚至记下了父亲的去世如何影响到了她的生活。你可能会觉得她把自己的事情公开会让人觉得不舒服，但事实恰好相反。越来越多的人都希望邦妮把这些寄给他们，很多人写信给她，描述了自己相同的经历。

虽然这个案例讲的不是亲自用口头语言告诉他人自己的经历和感受，但是就其产生的效果而言，可以应用到我们的演说中。把自己经历过的事情告诉听众，可能正好与听众的某些经历相同，二者就产生了共鸣，听众更想从自己这里听到更多的故事。这是一个吸引听众的好方法。

（3）分享你的困惑

人的一生中，每个阶段都存在着不同的困惑。我们这里所说的困惑不仅仅是通常意义上的疑惑，还包括困难。其实困难也是困惑的一种，困难留给了人们难题，留给了人们疑惑，解决困难也就是解决困惑。

面临困惑是人与人之间最大的相似之处。每个人都在困惑中挣扎过、寻觅过、痛苦过，也都享受过困惑解开的快乐。在困惑里，人们几乎拥有共同的情感体验。所以，当一个人讲出他的困惑的时候，最能牵动别人的心，最能引起他人的共鸣。

正因为经历困惑的人拥有共同的情感体验，他们在听到别人的困惑的时候，会首先有一种遇到知己的感觉，想到原来我们都一样啊，这就拉近了他们与说话者之间的距离，对说话者有了一种亲近感和共患难的感觉。

在这个基础上，他们会认真地听演说者讲述他们的困惑，在听的过程中不断地思考，思考说话者的困惑与自己的困惑的相同之处，思考如何帮他们解除困惑。

所以，在演说者谈到自己的困惑的时候，听的人一般会集中最大的精力。这时，演说者和听众的关系达到了空前的和谐。当然，也不排除部分人存在着幸灾乐祸的情绪，但即便是幸灾乐祸的人也会认真地听演说者讲完。

所以，困惑是需要分享的。分享困惑，不仅能缓解自己的心理压力，还会让听众找回他们曾经有过的或正在体会到的情感体验，引起听众的共鸣。有的人羞于讲出自己的困惑，怕别人笑话他，怕别人觉得他很笨，连那么小的问题都解决不了。越害羞，越害怕，就越不愿意与别人分享。

即使是别人看他心事重重主动去问他，他也不会说出来。每个人都对遭遇困惑的人有特别的热情，一旦感觉到他人有困惑了，就会主动去问，但如果遭到对方一次次的拒绝，那他们也就丧失了倾听的热情。所以，把困惑憋在心里会失去听众，而把困惑分享出来则会获得听众。

我有一位同学，姓王，性格特别的内向，平时少言寡语，遇到同班同学也不太爱打招呼，显得非常的不合群。她最不愿意的就是在全班同学面前说话，一说话就很紧张，加上普通话说得不好，说起话来更含糊不清了。这导致同学们不太喜欢听她说话，她也更加的沉默寡言了。

但是有一次她心情特别低落，在压力很大的情况下不得不对另一位同学讲了她的困惑，听的同学很热情，还把很多同学都叫来帮她想办法出主意。王同学觉得很意外，疑惑为什么大家平时都不爱听她说话，反而在她倾诉困惑的时候这么热情。

后来我问了一下听她讲困惑的同学，这位同学说，当听到王同学把困惑告诉她的时候，感觉王同学在跟她交心，特别信任她，而且她也有过困惑，特别能体会王同学那时的心情。情感的共鸣加上王同学对她的信任，让她觉得自己应该做一个耐心的倾听者，尽力帮助王同学解决困惑。

这样的事情可能我们大家都遇到过，正是分享困惑拉近了人与人之间的距离，让倾听者有了强烈的倾听欲望和倾听的耐心。所以，在演说的时候，要把自己的困惑与听众分享，这样你会收获他们的信任，也会激发他们倾听的热情。

5. 一切都是练出来的

那些说话妙语连珠、幽默风趣、大方得体、观点独特的人备受别人的羡慕。看起来他们演说一点都不费力气，嘴巴一动话就跟着来了，其实，这种演说功夫不是与生俱来的，而是经过勤奋刻苦的努力训练出来的。

有些著名的演说家并非一开始就有那么好的水平，他们跟普通人一样，也曾经在演说中出过丑，也曾遇到过语言的障碍。而他们之所以成为优秀的演说家，完全靠持之以恒的练习。所以，出色的演说不是天生的，一切都是练出来的。

古希腊有位大演说家叫德摩斯梯尼。当时在古希腊，能登台演说是一件非常了不起的事。德摩斯梯尼第一次登台演说的时候，他希望得到的是掌声，听到的是笑声。最后，没有笑声，倒有了掌声——背掌！听众们把他哄下了台。

他讲的实在是不怎么好。讲着讲着，肩膀就往上耸。他的气也不够用，说着说着就长出一口气。而且，他的口齿也不太清楚，说出来的话模模糊糊，人们听着十分费力，都想把他轰下去。

这个时候的德摩斯梯尼，不管让任何人看，都不会相信他能成为一个举世闻名的演说家。在一般人看来，他不具备一个演说家应该具备的任何特质，肢体语言愚笨不雅，说话底气不足，连基本的吐字都吐不清楚。但是，就是这个底子非常薄弱的人，他成功了，成为世界演说史中鼻祖似的人物。他用演说激励本国人民勇敢地反抗对外侵略，受到人民的无限爱戴。

为什么他的演说前后有天壤之别？之前的演说低到土里，后来的演说高上云霄？成就他演说的唯一法门就是练习。

在第一次演说被听众轰下台后，德摩斯梯尼没有气馁。他回去以后，自己剃了个阴阳头，以示再也不出去。他把所有的书籍都拿来，拼命地读书，增加自己的知识储备。为了克服自己耸肩，他在棚上吊了两个宝剑，剑尖正好对着自己的肩膀，如果一耸肩就会扎着。经过这样长期的练习，耸肩的毛病克服掉了。

还有说话不清楚，这怎么练？他找了一个小鹅卵石含在嘴里。他本来就说话不清，再含着鹅卵石更是不清楚了。他就这样含着鹅卵石一天一天地练习，让自己的口齿一天比一天清晰，直到含着石头也能说出非常清楚的话。为了克服气不够用的缺点，他想了这样一个办法，一边朗诵诗歌，一边往山上跑，以此来增加自己的肺活量，增强说话的底气。

就这样，经过长时间的练习，他三个毛病都克服掉了。他修炼了深厚的“内功”，有了丰富的学识和思想见地。他的“外功”也有了，演说练成了。每当他登台演说，人们的掌声就如暴风雨般地响起来。他的演说一直流传到现在，还会继续流传下去。

靠训练成就演说的伟人我们能数出很多。像美国第十六任总统林肯，日本前首相田中角荣，我国的闻一多、华罗庚、萧楚女等人，他们的成功演说都归功于练习。所以如果你现在演说的不好，甚至很糟糕，不要气馁，多看看这些伟人、名人的经历，你就会为自己树立信心。

没有一个人的演说是天生的，我们看到的成功演说，背后都经过了长期的训练。只要掌握正确的训练方法，加上持之以恒的坚持，一定会拥有精彩的演说。

第九章

他山之石可以攻玉，解读世界一流的演说稿

如何拥有总统级的演说口才，如何拥有世界一流企业家的演说水平？本章将为你展示世界一流的演说稿，并运用前文所讲的演说技巧和方法对其进行深度分析，让你做到学以致用。

第一节　奥巴马的竞选演说

要成为出色的演说家，你还要向世界最顶尖的人物学习，看他们是如何靠演说走向成功的。接下来，我们一起来看看奥巴马竞选总统的演说稿。

1. 解读奥巴马的竞选演说

作为黑人，奥巴马在美国第44任总统竞选中获胜了，这让很多人跌破了眼镜。他当选美国总统成功的因素有很多，而其中演说的作用功不可

没。当年，他到底用什么样的演说方式为选举赢得更多的选票呢？从他的演说稿中，我们又可以得到什么启发呢？

在美国爱荷华州总统党内初选的时候，希望改变的美国选民，特别是17～29岁的选民，投了奥巴马最多的票，是他们把这个黑人送上美国一线的宝座。当天的演说，使他击败了人脉关系最好的党内劲敌希拉里。尽管奥巴马最后打败了希拉里，但最后他们还是成了最好的盟友。

奥巴马第一句话说的就是："谢谢你，爱荷华，他们说这天永远不会到来，我们的薪资太高，美国太分裂了，无法合力成就一件事。是你们改变了历史，打了怀疑论者耳光。无论是民主党、独立党、共和党，今天我们一起站起来说，我们是一家人，我们马上要改变。"

这段话讲完，奥巴马不仅获得了雷鸣般的掌声，还使听众更加团结、坚定。因为他的演讲给了听众极大的信心，且不乏对听众的赞美和肯定。

接着他又说："大家选择的是希望而不是选择恐惧，选择团结而不是选择分裂。（告诉民众要改变）我们要让全美国知道，改变的时候到了。我们要告诉权力说客，你们的钱买不下美国政府，人民才是美国的主人。（暗示竞争对手希拉里有钱）"他这段话一说出来，再度给他的支持者极大的肯定，从而让民众对奥巴马的认可度提高。同时，他也加强了他所推销的改变的时候到了，又狠狠地把竞争对手奚落了一番。

"今天大家需要的是诚实面对我们挑战决绝的总统，是一个会倾听不同意见、向你们学习的总统，一个敢听逆耳忠言的总统。"大家听到这句话的时候，难道会说不吗？肯定不会，因为他说出了广大民众的心声，并把这些优点加在他自己身上，让民众觉得他就是总统的不二人选。这种演说技巧是对自己的再度推销。

"谢谢你们，我知道你们不是为了我，是为了你们对美国精神的深沉信仰。我们坚信，爱国的人都可以改变这个国家。"这个语言技巧多么高超啊！大家一听都会认为，他很谦虚，之后马上又不谦虚了，但那个不谦虚的技巧是藏在很谦虚的话后面。他把自己和美国人内心精神深处的最高精神价值观联系在一起。所以，很多人投他的票，因为喜欢他，但更多的是为了美国而投票。这就是超级演说、超级说服力。

“我也相信，尽管我今天站在这里，但我没有忘掉自己在芝加哥街头奋斗的日子。我们共同争取的目标是让大家的日子都过得好一点。我知道很辛苦，睡眠不足，薪资低，做出大量牺牲后，每天还满是失望，但偶尔会出现像今晚这样的日子。多年后，回头看我们的起步，改革的开始，到时候更多的家庭看得起医生，到时候我们长大的孩子活在比今天更干净、更安静的环境里，到时候世界对美国，美国对自己的观感更一致。”他再次告诉大家，种种一切不好的生活都要快过去了。今天的日子既然出现，到时候你们就会回忆今天这种改变。他再次更好地推销他的总统的位置，要带给大家美好的生活与快乐。

“我们打败了华府政客的怀疑，当时我们拆开彼此的心墙，当时我们团结所有的人民、政党为共同的目标奋斗，当时我们给从未参与政治的美国人一个值得参与的理由。”的确，这是他的伟大之处，他强调击败了希拉里之后，他能凝聚大家的力量。

“当时，我们击垮对政治持恐惧、怀疑、讥讽态度的人，击垮那些用政治打击对手而非用政治提升国家的人。数年后，当你回首，就在此时，美国人民重新找回希望的意义。”他再度凝聚大家，说我们打败了对政治怀疑、恐惧的人，我们打败那些用政治打击对手，只会打击我，而不是用政治提升国家的人。他再度贬低对手，但是他是用一种非常有技巧的语言来贬低对手，提升自己。他不断地把他的党内初选和未来美国人美好的前景联系在一起。这叫催眠式的演讲，催眠式的销售。

“这几个月许多人都嘲笑我重提‘希望’这个词，因为以前的总统也提过‘希望’这个词。但我知道，希望不是盲目地乐观，不是无视沉重的前途，不是躲在场下不敢正面直击，希望是内在的坚持。所有客观证据都是负面的，但我坚持要勇敢追求、奋争，前面一定会有更好的美景等着。希望是我看到这位白天打工、晚上补课，仍付不出钱让妹妹上医院治病，但内心仍然相信美国会给她机会实现梦想的年轻女子……希望是我读到一群专栏作者群起挞伐帝国主义，启发年轻男女愿意力抗消防水柱的强力水压，为自由、反奴役抗争……希望是这个国家的基石，相信我们的命运不是天注定的。希望是我们每个人走出来的信念，希望是我们不愿将就现状。我觉得这应该是男男女女共同的信仰。"

这一系列的希望，把人的情感激发出来了，把人的希望深深地联系在一起。读这篇演讲稿时，连我都被感动了。你可以想象当时的场面是多么的激动人心。

"今夜，我们在爱荷华州写下这一页历史，无论未来我们是成还是败，这个希望都不会变。只要我们有一砖一瓦、一担一石，平凡人也可以成就非凡的事。因为我们不只是一帮红、蓝的政党组合，我们是美国。"看到没有，他再度把美国人的爱国精神调到巅峰状态。

"此时此刻这场选举我们已经重新开始相信了。谢谢你，爱荷华。"什么叫重新开始相信呢？因为他开头说很多人可能嘲笑他重提希望这个词，他为了解除反对意见，号召大家重拾希望，并将希望与自己的当选联系起来，既调动了大家的热情，激发了大家的情感，又为自己的当选打下了坚实的基础。

以上是奥巴马竞选总统的演说稿，从中你学到了什么呢？我个人认为这是非常有启发意义的经典演说稿，它教你如何调动观众的感情，解除听众的抗拒，重新推销你的优点，不断凝聚人心，等等。

2. 剖析奥巴马的就职演说

奥巴马战胜希拉里后，当选了第44任美国总统，成为美国首位非洲裔总统。当晚奥巴马在他的家乡芝加哥发表就职演说，这是又一篇非常有指导意义的演说稿。它可以给要学演说的人、领导人、要凝聚人心的人、要团结群众的人重要的指导意义。

当时，他的开场白是这样的："芝加哥的市民们，你们好！如果还有人对在美国是否凡事皆有可能这一点存疑，还有人怀疑美国奠基者的梦想在我们这一代是否依然鲜活，还有人质疑我们民族主义的力量，那么今天这些问题都有了答案。这是设在学校和教堂的投票站前，排起的前所未有的长队，给出的答案。这是等了三四个小时的选民们所给出的答案，这是许多人有史以来的第一次投票。因为他们认定这一次肯定会不一样，认为自己的声音，在这一次会有别于以往。这是所有美国人民共同给出的答案。无论老少贫富，无论是民主党还是共和党，无论是黑人还是白人，无论是拉美裔还是亚裔，无论是同性恋者还是异性恋者，无论是残疾人还是健全人，我们全都不是红州和蓝州的对立阵营，我们是美利坚合众国的整体，永远都是。"

这就是开场白，它立刻让人们的情绪进入了高潮。在这段开场白中，奥巴马用美国人那种团结的、凝聚人心的语言，把对立的感觉消除掉。此外，从他的言语中，我们可以感到他对那些投票者的肯定以及对那些排队者的称赞。他还强调，如果还有人怀疑美国的制度、美国的精神、美国的梦想的话，你们已经给出答案了。这些答案是大家给的，是美利坚合众国这个整体，永远都是。这可谓句句击中要害，针针见血，拳拳到肉，没有一句废话。你可以想象一下，如此精彩的开场白在当时会引起什么样的反响。长久不衰的掌声，还是万人空巷？

"长久以来，很多人一再受到告诫，要对我们所能取得的成绩极尽讽刺、怀疑。但这个答案让这些人伸出手来把握历史，再次让他们嘲笑美好的明天的希望延伸，已经过去这么长时间了。但今晚由于我们在今天这场大选中，在这个有绝对性时刻所做的，使美国迎来了变革。我刚刚接到了麦凯恩议员极具风度的自荐，他在这场大选中经过长时间的努力奋斗，而他将为自己所深爱的国家奋斗更长的时间，也更艰辛。他为美国做出了我们大多数人难以想象的牺牲，而我们的生活也因有勇敢的领袖所做出的贡献而变得更美好。我想对他和佩林州长所取得的成绩表示祝贺，我也期待他们一起在未来的岁月中为负起这个国家的希望而共同努力。”

尽管大选成功了，但奥巴马并没有打击他的对手，而是不断称赞他的对手。他对竞争对手麦凯恩的肯定和赞美再度让当时的群众对他的人格魅力、崇高精神、风度给予很高的评价。

你觉得这些演说技巧重不重要呢？你认为我们要不要学会这些演说技巧呢？

“我要感谢在这次旅行中的伙伴，已当选美国副总统的拜登，他全心全力参与竞选活动，为普通民众代言。他们是他在柯蓝斯顿从小到大的伙伴，也是他在回特兰华火车上遇到的男男女女。”

奥巴马感谢完他的对手，再感谢他的伙伴。对竞争对手和伙伴充满感激的言辞，是不是你最需要学会的讲话技巧呢？

“如果没有一个人的坚决支持，我今晚就不会站在这里。她是我过去16年来最好的朋友，也是我们一家人和我一生的至爱，更是我们国家的下一位第一夫人里希尔·奥巴马。”

在感谢完他的对手和伙伴后，他马上感谢他的太太。

“我太爱你们两个了，你们已经得到了一条新的小狗，它将与我们一起入住白宫。”这句体现了他作为父亲对孩子的疼爱，让人感到很温情。

“虽然她已经不在了，但我知道她与其他亲人肯定都在看着我。因为他们，我才拥有今天的成就。今晚我想念他们，我知道自己欠他们的无可计量。”

这是奥巴马在感谢他的外祖母及其他亲人，展现他柔软的亲情。

“我的竞选经理大卫·普劳夫、首席策略师大卫·艾可斯罗德以及美国政治史上最好的竞选团队，是你们成就了今天。我永远感激你们，为实现今天的成就所做出的牺牲。但最重要的是，我永远不会忘记这场胜利最终的归属，它属于你们。”

最后，他感谢他的竞选团队和工作人员，并把最高的荣誉给了他的团队。难道我们不需要学会这些演说的技巧吗？

“我从来不是最有希望的候选人，一开始我们没有太多的资金，也没有得到太多人的支持。我们的竞选活动并非诞生于华盛顿的豪门府邸之内，而是来自于查尔斯顿这些普通民众家中。我们的竞选活动能有今天的规模，是因为辛勤工作的人们从自己微薄的积蓄中拿出钱来捐，捐了一笔又一笔，5 美元、10 美元、20 美元。这些资金有源于年轻人，从事报酬微薄、极其艰苦的工作，也有源自那些不算年轻的人们，他们冒着严寒酷暑敲开陌生人的家，进行竞选宣传，更有源自数百万美国的民众，他们自动自发组织起来证明在 200 多年后，民有民治的政府从未在这个地球上消失，这是你们的胜利。”

当你听到这段话，难道你不激动，不感动吗？这个黑人讲出这样的话，你知道会令多少年轻人感动吗？令多少的美国人投他一票？即使之前那些不投他票的人，听了他这番演讲后从此都要支持他一辈子了。

“我知道你们的所作所为并不只为了赢得大选，我也知道你们所做的一切并不是为了我，我知道你们这样做是因为你们明白摆在眼前的任务有多艰巨。即使我们今晚欢呼、庆祝，但我们也知道明天将面临我们一生中最严峻的挑战——两场战争。一个是面临危险的星球，另一个是百年来最严重的金融危机。今晚站在此地，我们知道伊拉克的沙漠里和阿富汗的群山中，还有勇敢的美国士兵冒着生命的危险在保护着我们。会有孩子在熟睡后仍难以入眠的父母，担心如何偿还按揭、月供、付医药费，还有人担心读大学的钱存够了没有。我们亟待开发新能源，创造新的工作机会，我们需要修建新学校，还要应对众多威胁，修复许许多多盟国的关系。”

他在狂欢、庆祝、团结人心之后，马上将危机意识告诉大家：明天开始任务更艰巨。他很坦诚地告诉大家，前方的道路会十分漫长、艰辛，他们可能无法在一年甚至一届任期之内实现上述目标。

“但我从未像今晚这样满怀希望，相信我们会实现。我向你们承诺，我们作为一个整体将会达成目标。”

把困难说完，他仍然告诉大家，要有信心，只要大家团结起来终会达成目标。这是美国总统在推卸责任吗？不是，这是他最大的责任，团结大家一起解决问题。因为这真的不是他一个人可以解决的，也不是他一届任期可以解决的种种问题。接下来的演讲，他就要带领美国人民解决问题了。

“我们会遭遇挫折和不成功的开端，对于我作为总统所做的每项决定和政策或许会有人持有异议，我们也知道政府并不能解决所有的问题。但我会向你们坦诚，我会聆听你们的意见，尤其是在我们意见相左的时候。最重要的是会请求你们参与重建这个国家，以美国 221 年来从未改变的唯一方式。”

这种讲话的语言技巧，让我佩服得五体投地。请大家认真学习，并将其运用到实际中。

“21 个月前那场寒冬所开启的一切不应该在今天这个秋夜结束。今天选举的胜利并不是我们所寻求的改变，这只是我们进行改变的机会。如果我们仍然照这样的方式做事，我们所寻求的改变不可能出现，没有你们也不可能有这种改变。”

大家注意到没有，他开始要求人们真正付诸行动来改变。

“因此，让我们发扬新的爱国精神，树立新的服务意识和责任感；让我们每个人下定决心全情投入，更加努力地工作，并彼此关爱；让我们铭记这场金融危机带来的教训，我们不可能在金融以外的领域备受煎熬的同时拥有繁华兴旺的华尔街。在这个家，我们患难与共，让我们抵住重走老路的诱惑，避免重新回到令美国政治长期受到毒害的党派纷争和由此引发的遗憾与不成熟的表现；让我们牢记一名男子，他首次将共和党的大旗扛到了白宫。共和党是建立在自强自立、个人自由以及全民团结的价值观上，这也是我们所有人都珍重的价值。虽然民主党今晚赢得了巨大的胜利，但我们是以谦卑的态度与进一步解决分歧的决心赢得这场胜利的。我们不是敌人，而是朋友。虽然激情会退去，但这不会割断我们感情上的联系。对于那些并不支持我们的美国人，我想说，或许我没有赢得你们的选票，但我听到了你们的声音。我需要你们的帮助，而且我也将是你们的总统。”

对于那些不支持他的人，他再次表示感谢并请求他们的帮助，体现了他亲和、谦虚、柔软的一面。接着他的讲话又体现了他刚柔相济、软硬兼施的一面，不管他们帮不帮他，支不支持他，他都已成为他们的总统了。这种谦和的态度加上总统的架势，不禁让人觉得他有谦虚的风范又有大将之风。短短的几句话就将奥巴马能屈能伸的精神展现无遗。这样的演说难到不值得我们学习吗？

“那些彻夜关注美国大选的海外人士，从国会到皇宫以及在这个世界被遗忘的角落里，挤在收音机旁的人们，虽然我们的经历各有不同，但是我们的命运是相通的。新的美国领袖诞生了，那些想要颠覆这个世界的人们，我们必将击败你们。而对于那些追求和平和安全的人们，我们支持你们。那些所有怀疑美国能否继续照亮世界、有发展前景的人们，今天晚上我们再次证明，我们国家真正的力量并非来自于我们武器的威力或者财富的规模，而是我们理想的持久力量、民主、自由、机会和不屈的希望。”

这一段话一讲完，又让他获得如雷般的掌声。这不仅体现了奥巴马作为美国总统应该有的大国领袖的风范和世界领袖的风范，并向全世界推销了美国精神。

“美国能够改变，我们的联邦会日益完善。我们取得的成就为我们将来能够取得的以及必须取得的成就增添了希望。这次大选创造了多项第一，也诞生了很多将世代流传的故事。但是，今晚令我难忘的却是在亚特兰大投票的一名叫安尼克·松波尔的妇女。她和其他数百万排队等待投票的选民没有什么差别，除了一点，她已经是106岁的高龄了。她出生的那个时代正值奴隶时代刚刚结束，那时路上没有汽车，天上也没有飞机。当时像她这样的人，由于两个原因不能投票：一是女性，二是肤色。今天晚上我想到了，她在美国过去一百年间所经历的种种心痛和希望、挣扎和进步。那时，妇女没有发言权，她们的希望化作泡影。但是安尼克·松波尔活了下来，她看到妇女们站了起来，看到她们大声发表自己的见解，看到她们去参加大选投票。这些被时代所限制的事情都实现了，所以我想说'Yes，We can'（是的，我们可以）。当30年代的沙尘暴和大萧条引发人们的绝望之情时，她看到罗斯福新政提供了新就业机会以及对新目标的共同追求战胜恐慌。所以，'Yes，We can'。当炸弹袭击了我们的海港，独裁专制威胁到全世界，她见证了美国一代人的伟大崛起，也见证了美国被拯救。因此，我坚信'Yes，We can'。她看到路上有了公共汽车，伯明翰接上了水管，塞尔玛建桥。一位来自亚特兰大的传教士告诉别人，我们能成功：'Yes，We can。'人类登上月球，柏林墙倒了，世界与我们的想象连在了一起，今天就在这次选举中她用手指触屏按下了自己的选票。一位在美国生活了106年的老太太，经历了最好的时光和最黑暗的时刻后，她知道美国如何能够发生变革。因此，我们有理由相信：'Yes，We can。'

"我们已经走过漫漫长路，我们已经经历了许多，但是我们仍有很多事情要做。因为经验让我们自问：如果我们的孩子能活到下一个世纪，我们的他们有幸活到和这位妇女一样的寿命，他们将会看到怎样的改变，我们将会取得怎样的进步？现在是我们回答这个问题的机会，这是我们的时刻，这是我们的时代，让我们的人民重新就业，让我们恢复繁荣发展，推进和平事业，为我们的后代敞开机会的大门，让美国梦再次焕发光芒。

“我们是一家人，一起上船，我们就有希望。当我们遇到嘲讽和怀疑，当有人说我们办不到的时候，我们要以这个永恒的信条来回答他们——Yes，We can。谢谢你们，愿上帝保佑你们，愿上帝保佑美国!”

这就是奥巴马著名的“Yes，We can”。他借用那位106岁老太太投票的故事，拉动美国人民对历史的种种回忆。他讲到了美国人心中一幕幕关键按钮，一按下去，人们的思维就立刻打开了。那种激情的状态又重现在人们眼前。每讲到美国人的成就，他马上说“Yes，We can”，这让全民信心百倍。

近年来，我研究并学习了不少成功的演说稿，但我个人认为，这是最经典的一个演说稿。这一篇动之以情、服之以理、言之有据的演说稿，他将这三种巧妙地联合在一起，然后用简短有力的语言拨动美国人的心弦，团结美国人的士气。整个演说，既体现了他谦虚的态度和感恩之情，但又不乏不卑不亢、那威武的领袖精神。这样的演说稿难道不是我们要学习的模板吗？请好好分析其中的语言技巧以及演说的安排与层次，这将极大地提高你的演说水平。

第二节　麦凯恩的败选演说

成功者因为身上的光环很容易引起人们的注意，而失败者常常被人们移出视线外。成功者固然是我们学习的榜样，但是失败者的经验教训同样值得我们借鉴。

美国共和党总统竞选人参议员约翰·麦凯恩竞选失败后，在亚利桑那州凤凰城竞选总部对支持者宣布总统竞选失败，并祝贺民主党候选人奥巴马当选。尽管是一篇败选演说，但是同样很精彩，里面很多技巧和方法值得我们学习和借鉴。

1. 败选演讲也精彩

谢谢你们，谢谢你们，我的朋友们。谢谢你们在如此美丽的亚利桑那夜晚来到这里。

我的朋友们，我们已经，我们已经走到了旅途的终点。美国人民已经讲话了，他们说得很清楚。

就在刚才，我荣幸地打电话给奥巴马参议员，对他表示祝贺。祝贺他当选这个我们都热爱的国家的下任总统。

在一个如此漫长、如此困难的竞选中，他的成功本身就足以让我对他的能力和坚韧不拔的毅力表示敬意。对于他成功地激起数以百万美国人的希望，我对此深表钦佩和赞扬。这些人在过去错误地认为，他们在总统竞选中没有影响力，而且结果与他们无关。

这是一个历史性的选举，我意识到今夜对非裔美国人的特殊意义，是他们值得骄傲的一夜。我一直认为，美国给所有勤奋及决心抓住机会的人机会。奥巴马也相信这一点。但是我们两人也都意识到，尽管我们过去的那些不公义已经离我们很远。但那些曾玷污我们国家声誉，使一些美国人不能享受所有公民的权益的记忆仍然有伤人的能力。

一个世纪前，西奥多・罗斯福总统邀请布克・华盛顿（一位非洲裔美国人）在白宫共进晚餐曾激怒很多人。今天的美国已经完全不同于当时那个充满残酷和丑陋偏见的时代。一位非洲裔美国人当选总统就是最好的证明。让所有美国人都庆幸自己拥有这个世界上最伟大国家的国籍。

奥巴马参议员为他自己和这个国家完成了一个伟大的事情。我为他鼓掌，对热爱他的祖母未能在去世前看到今天的一切表示深深的遗憾。尽管我们的信仰让我们坚信她在她的造物主那里获得了安息，她一定非常骄傲自己抚养了那么好的一个人。参议员奥巴马和我有许多分歧，我们并且为此争论，他胜了。毫无疑问，许多分歧依然存在。

我们的国家正处在困难时期。我今晚向他承诺，将运用我的全部力量帮助他带领我们面对挑战。

我敦促所有支持我的美国人，加入我，不仅仅是祝贺他，还要献上我们的诚意和最大的努力，找到必要的妥协，能让我们一起化解分歧，帮助重建我们的繁荣，并在一个危险的世界中保护我们的安全，同时留给我们的子孙一个比我们当初继承的更强大、更好的国家。

无论我们的分歧是什么，我们都是美国人。请相信我，对我而言，这比什么都重要。非常自然地，今夜我们会感到失望。但是明天，我们必须摆脱失望，一起奋斗，让国家向前迈进。

我们尽了全力的奋战。虽然我们失败了，但那是我的失败，不是你们的失败。我深深地感激你们对我的支持和对我所做的一切。我希望结果会是不同的，我的朋友们。道路自一开始时就是困难的，但你们的支持和友谊从来没有动摇过。我无法适当地表达我对你们的亏欠。

我要特别感谢我的妻子辛迪，我的孩子们，我亲爱的妈妈和我的家庭，以及许多老朋友们，在这漫长竞选中，不论时局好坏，总是在旁支持我。

我一直是一个幸运的人，从没有比得到你们给我的爱和鼓励更幸运的了。你们知道，竞选过程对于候选人的家人来说比对候选人本身更难过，这次选举也是这样。

我所能提供的补偿就是我的爱和感激以及承诺今后平静的岁月。

我也非常感谢莎拉·佩林州长，我所见过的最好的候选人之一，为共和党带来了新的改革声音及我们强大的信条。感谢她的丈夫和五个美丽的孩子在竞选的坎坷路途中所付出的不倦的努力、勇气和优雅。

我们带着极大的兴趣希望她在未来能为阿拉斯加、共和党和国家做更多的事。

感谢我所有的竞选伙伴，瑞克·戴维斯、斯蒂夫·施密德和马克·塞尔特及所有在这么多月的竞选过程中，努力不懈及勇敢的志愿者们。非常感谢你们。你们的信任和友情的重要性远胜于输掉选举。

我不知道我们还能做些什么来赢得这场选举。我将让别人去决定吧。每位候选人都会犯错误，我相信我也犯了不少错误。但我不会把时间用到悔恨上。这次选举将是我人生的荣耀。对这次的经历和美国人民在决定选择奥巴马参议员和我的老朋友乔·拜登在未来四年中领导我们之前，给了我一个公平的，陈述我的观点的机会。对此，我充满感激。如果我后悔命运让我为这个国家服务五十年，我就不配是美国人。

今天，我是这个我如此热爱的国家的总统候选人。今夜我依然是她的仆人。这是每个人所能得到的最好祝福，她为我们每个人带来福祉，谢谢亚历桑纳州的民众。

今夜，比任何其他的夜晚，我的心更充满对这个国家和人民的热爱，不管他们是支持我还是支持奥巴马。

我祝福曾经是我的对手，现在将成为总统的人一路平安。我呼吁所有的美国人，正如我在竞选过程中的经常呼吁，不要对现在的困难沮丧，而是永远相信美国的伟大及希望，因为在这里，什么都是有可能的。

美国人不会退缩！我们永不投降！我们从不躲避历史！我们创造历史！

谢谢你们！上帝保佑你们！上帝保佑美国！非常感谢你们！

2. 分析麦凯恩的败选演说稿

这是麦凯恩的败选演说，大家可以根据前文所学的演说技巧对其进行分析。在这里，我可以提出以下几个问题，以帮助大家深入分析：

①你认为这篇演说稿最成功之处是什么？

②请指出麦凯恩败选后，仍不失领导风范的地方。

③演说稿中哪些言辞体现了麦凯恩的人格魅力？

④哪里体现了麦凯恩的感激之情？

第三节 比尔·盖茨的毕业演说

1. 比尔·盖茨在哈佛的毕业演说

有一句话我等了三十年，现在终于可以说了：“老爸，我总是跟你说，我会回来拿到我的学位的!”（这是他的开场白，既幽默又激励人心。）

我要感谢哈佛大学在这个时候给我这个荣誉。明年，我就要换工作了……我终于可以在简历上写我有一个本科学位，这真是不错啊。（作为世界最成功的人士之一，这是谦虚之词。）

我为今天在座的各位同学感到高兴，你们拿到学位可比我简单多了。哈佛的校报称我是“哈佛大学历史上最成功的辍学生”，我想这大概使我有资格代表我这一类学生发言……在所有的失败者里，我做得最好。（这是对自己的肯定，同样不乏幽默和自信。）

但是，我还要提醒大家，我使得斯特夫·鲍尔莫（Steve Ballmer）也从哈佛商学院退学了。因此，我是个有着恶劣影响力的人，这就是为什么我被邀请来在你们的毕业典礼上演讲。如果我在你们入学欢迎仪式上演讲，那么能够坚持到今天在这里毕业的人也许会少得多吧。（这体现他荣誉加谦虚、自豪加谦卑的情绪。）

对我来说，哈佛的求学经历是一段非凡的经历。校园生活很有趣，我常去旁听我没选修的课。哈佛的课外生活也很棒，我在英国的拉德克利夫（Radcliffe）过着逍遥自在的日子。每天我的寝室里总有很多人一直待到半夜，讨论着各种事情，因为每个人都知道我从不考虑第二天早起。这使得我变成了校园里那些不安分学生的头头，我们互相黏在一起，做出一种拒绝所有正常学生的姿态。

拉德克利夫是个过日子的好地方，那里的女生比男生多，而且大多数男生都是理工科的。这种状况为我创造了最好的机会，如果你们明白我的意思。可惜的是，正是在这里我学到了人生中悲伤的一课：机会大，并不等于你就会成功。

我在哈佛最难忘的回忆之一发生在1975年1月。那时，我从宿舍楼里给位于阿尔伯克基（Albuquerque）的一家公司打了一个电话，那家公司已经在着手制造世界上第一台个人电脑，我提出想向他们出售软件。

我很担心，他们会发觉我是一个住在宿舍的学生从而挂断电话，但是他们却说："我们还没准备好，一个月后你再来找我们吧。"这是个好消息，因为那时软件还根本没有写出来呢。就是从那个时候起，我夜以继日地在这个小小的课外项目上工作，这导致了我学生生活的结束以及通往微软公司的不平凡旅程的开始。

不管怎样，我对哈佛的回忆主要都与充沛的精力和智力活动有关。哈佛的生活令人愉快，也令人感到有压力，有时甚至会感到泄气，但永远充满了挑战性。生活在哈佛是一种吸引人的特殊待遇……虽然我离开得比较早，但是我在这里的经历、在这里结识的朋友、在这里发展起来的一些想法永远地改变了我。（以上这些都是对哈佛的赞美之词，很给学校面子。）

但是，如果现在严肃地回忆起来，我确实有一个真正的遗憾。

我离开哈佛的时候，根本没有意识到这个世界是多么的不平等。人类在健康、财富和机遇上的不平等大得可怕，它们使得无数的人们被迫生活在绝望之中。

我在哈佛学到了很多经济学和政治学的新思想，我也了解了很多科学上的新进展。

但是，人类最大的进步并不来自于这些发现，而是来自那些有助于减少人类不平等的发现。不管通过何种手段，如民主制度、健全的公共教育体系、高质量的医疗保健，或是广泛的经济机会等，减少不平等始终是人类最大的成就。

我离开校园的时候，根本不知道在这个国家里有几百万的年轻人无法获得接受教育的机会。我也不知道发展中国家里有无数的人们生活在无法形容的贫穷和疾病之中。

我花了几十年才明白了这些事情。

在座的各位同学，你们是在与我不同的时代来到哈佛的。你们比以前的学生更多地了解世界是怎样的不平等。在你们的哈佛求学过程中，我希望你们已经思考过一个问题，那就是在这个新技术加速发展的时代，我们怎样最终应对这种不平等以及我们怎样来解决这个问题。（在赞美学校之后，委婉表达了自己的遗憾，但他非常顾及台下听众的感情。这也为下文他真正要讲的内容做好了铺垫。这种高超的语言技巧，值得大家学习。）

为了讨论的方便，请想象一下，假如你每个星期可以捐献一些时间、每个月可以捐献一些钱，你希望这些时间和金钱可以用到对拯救生命和改善人类生活有最大作用的地方，你会选择什么地方?

对梅琳达（Melinda）和我来说，这也是我们面临的问题：我们如何能将我们拥有的资源发挥出最大的作用。

在讨论过程中，梅琳达和我读到了一篇文章，里面说在那些贫穷的国家，每年有数百万的儿童死于那些在美国早已不成问题的疾病。麻疹、疟疾、肺炎、乙型肝炎、黄热病，还有一种以前我从未听说过的轮状病毒，这些疾病每年导致50万儿童死亡，但是在美国一例死亡病例也没有。

我们被震惊了，我们想，如果几百万儿童正在死亡线上挣扎，而且他们是可以被挽救的，那么世界理应将用药物拯救他们作为头等大事。但是事实并非如此，那些价格还不到一美元的救命药剂并没有送到他们的手中。（他列举了许多事实，让人们认识到问题的严重性，以引起大家的重视。）

如果你相信每个生命都是平等的，那么当你发现某些生命被挽救了，而另一些生命被放弃了，你会感到无法接受。我们对自己说："事情不可能如此，如果这是真的，那么它理应是我们努力的头等大事。"

所以，我们用任何人都会想到的方式开始工作，我们问："这个世界怎么可以眼睁睁看着这些孩子死去?"

答案很简单，也很令人难堪。在市场经济中，拯救儿童是一项没有利润的工作，政府也不会提供补助。这些儿童之所以会死亡，是因为他们的父母在经济上没有实力，在政治上没有能力发出声音。

但是，你们和我在经济上有实力，在政治上能够发出声音。

我们可以让市场更好地为穷人服务，如果我们能够设计出一种更有创新性的资本主义制度，如果我们可以改变市场，让更多的人可以获得利润，或者至少可以维持生活，那么，这就可以帮到那些正在极端不平等的状况中受苦的人们。我们还可以向全世界的政府施压，要求他们将纳税人的钱花到更符合纳税人价值观的地方。

如果我们能够找到这样一种方法，既可以帮到穷人，又可以为商人带来利润，为政治家带来选票，那么我们就找到了一种减少世界性不平等的可持续的发展道路。这个任务是无限的，它不可能被完全完成，但是任何自觉地解决这个问题的尝试都将会改变这个世界。（他在教你去改善不平等，他在呼吁救助穷人，呼吁关心弱势群体，他希望设置新的机制跟体系来照顾这些人。他身为世界首富的确在做这些事，说他所做，做他所说，言行一致，他还在倡导这些大学生做这些事。）

在这个问题上，我是乐观的。但是，我也遇到过那些感到绝望的怀疑主义者，他们说："不平等从人类诞生的第一天就存在，到人类灭亡的最后一天也将存在，因为人类对这个问题根本不在乎。"我完全不能同意这种观点。（他提出了别人的反对意见。）

我相信，问题不是我们不在乎，而是我们不知道怎么做。（开始解除抗拒，这是不是跟我之前讲的演说技巧一样?）

此刻在这个院子里的所有人，生命中总有这样或那样的时刻，目睹人类的悲剧，感到万分伤心。但是我们什么也没做，并非我们无动于衷，而是因为我们不知道做什么和怎么做。如果我们知道如何做是有效的，那么我们就会采取行动。

改变世界的阻碍并非是人类的冷漠，而是世界实在太复杂。

为了将关心转变为行动，我们需要找到问题、发现解决问题的方法、评估后果，但是世界的复杂性使得所有这些步骤都难于做到。（演讲的目的就是让听众行动，他开始要求听众行动了。）

即使有了互联网和24小时直播的新闻台，让人们真正发现问题所在，仍然十分困难。当一架飞机坠毁了，官员们会立刻召开新闻发布会，他们承诺进行调查、找到原因、防止将来再次发生类似事故。

但是如果那些官员敢说真话，他们就会说："在今天这一天，全世界所有可以避免的死亡之中，只有0.5%的死者来自于这次空难。我们决心尽一切努力，调查这个0.5%的死亡原因。"

显然，更重要的问题不是这次空难，而是其他几百万可以预防的死亡事件。

我们并没有很多机会了解那些死亡事件，媒体总是报道新闻，几百万人将要死去并非新闻。如果没有人报道，那么这些事件就很容易被忽视；另外，即使我们确实目睹了事件本身或者看到了相关报道，我们也很难持续关注这些事件。看着他人受苦是令人痛苦的，何况问题又如此复杂，我们根本不知道如何去帮助他人，所以我们会将脸转过去。

就算我们真正发现了问题所在，也不过是迈出了第一步，接着还有第二步，那就是从复杂的事件中找到解决办法。

如果我们要让关心落到实处，我们就必须找到解决办法。如果我们有一个清晰可靠的答案，那么当任何组织和个人发出疑问"我如何能提供帮助"的时候，我们就能采取行动，我们就能够保证不浪费一丁点儿全世界人类对他人的关心。但是，世界的复杂性使得很难找到对全世界每一个有爱心的人都有效的行动方法，因此人类对他人的关心往往很难产生实际效果。

从这个复杂的世界中找到解决办法，可以分为四个步骤：确定目标、找到最高效的方法、发现适用于这个方法的新技术，同时最聪明地利用现有的技术，不管它是复杂的药物，还是最简单的蚊帐。（列举出行动的步骤）

艾滋病就是一个例子。总的目标，毫无疑问是消灭这种疾病；最高效的方法是预防；最理想的技术是发明一种疫苗，只要注射一次，就可以终生免疫。所以，政府、制药公司、基金会应该资助疫苗研究。但是，这项研究工作很可能十年之内都无法完成。因此，与此同时，我们必须使用现有的技术，目前最有效的预防方法就是设法让人们避免那些危险的行为。（这是在讲故事。这不就是我在演说中教大家的一个关键点要配上案例或故事吗？）

要实现这个新的目标，又可以采用新的四步循环。这是一种模式，关键的东西是永远不要停止思考和行动。我们千万不能再犯20世纪在疟疾和肺结核上犯过的错误，那时我们因为它们太复杂而放弃采取行动。

在发现问题和找到解决方法之后，就是最后一步——评估工作结果，将你的成功经验或者失败经验传播出去，这样，其他人就可以从你的努力中有所收获。

当然，你必须有一些统计数字，你必须让他人知道，你的项目为几百万儿童新接种了疫苗。你也必须让他人知道，儿童死亡人数下降了多少。这些都是很关键的，不仅有利于改善项目效果，也有利于从商界和政府得到更多的帮助。

但是，这些还不够，如果你想激励其他人参与你的项目，你就必须拿出更多的统计数字。你必须展示你的项目中的人性因素，这样，其他人就会感到拯救一个生命对那些处在困境中的家庭到底意味着什么。

几年前，我去瑞士达沃斯旁听一个全球健康问题论坛，会议的内容是关于如何拯救几百万条生命。天哪，是几百万！想一想吧，拯救一个人的生命已经让人何等激动，现在你要把这种激动再乘上几百万倍……但是，不幸的是，这是我参加过的最最乏味的论坛，乏味到我无法强迫自己听下去。

那次经历之所以让我难忘，是因为之前我们刚刚发布了一个软件的第13个版本，我们让观众激动得跳了起来，喊出了声。我喜欢人们因为软件而感到激动，那么我们为什么不能够让人们因为能够拯救生命而感到更加激动呢？

除非你能够让人们看到或者感受到行动的影响力，否则你无法让人们激动。如何做到这一点，并不是一件简单的事。

同前面一样，在这个问题上，我依然是乐观的。不错，人类的不平等有史以来一直存在，但是那些能够化繁为简的新工具却是最近才出现的。这些新工具可以帮助我们将人类的同情心发挥出最大的作用，这就是为什么将来同过去是不一样的。

这个时代无时无刻不在涌现出新的革新——生物技术、计算机、互联网。它们给了我们一个从未有过的机会去终结那些极端的贫穷和非恶性疾病的死亡。

60年前，乔治·马歇尔也是在这个地方的毕业典礼上宣布了一个计划，帮助那些欧洲国家的战后建设，他说："我认为，困难的一点是这个问题太复杂，报纸和电台向公众源源不断地提供各种事实，使得大街上的普通人极端难于清晰地判断形势。事实上，经过层层传播，想要真正地把握形势是根本不可能的。"

马歇尔发表这个演讲之后的三十年，我那一届学生毕业，当然我不在其中。那时，新技术刚刚开始萌芽，它们将使得这个世界变得更小、更开放、更容易看到、距离更近。

低成本的个人电脑的出现，使得一个强大的互联网有机会诞生，它为学习和交流提供了巨大的机会。

网络的神奇之处不仅仅是缩短了物理距离，使得天涯若比邻，它还极大地增加了怀有共同想法的人们聚集在一起的机会，我们可以为了解决同一个问题共同工作。这就大大加快了革新的进程，发展速度简直快得让人震惊。

与此同时，世界上有条件上网的人只是全部人口的1/6。这意味着还有许多具有创造性的人们没有加入到我们的讨论中来。那些有着实际操作经验和相关经历的聪明人却没有技术来帮助他们，将他们的天赋或者想法与全世界分享。

我们需要尽可能地让更多的人有机会使用新技术，因为这些新技术正在引发一场革命，人类将因此可以互相帮助。新技术正在创造一种可能，不仅是政府，还包括大学、公司、小机构，甚至个人，能够发现问题所在，能够找到解决办法，能够评估他们努力的效果，去改变那些马歇尔六十年前就说到过的问题——饥饿、贫穷和绝望。(再次呼吁大家行动)

哈佛是一个大家庭，这个院子里在场的人们是全世界最有智力的人类群体之一。我们可以做些什么?

毫无疑问，哈佛的老师、校友、学生和资助者已经用他们的能力改善了全世界各地人们的生活。但是，我们还能够再做什么呢?有没有可能哈佛的人们可以将他们的智慧用来帮助那些甚至从来没有听到过“哈佛”这个名字的人?

请允许我向各位院长和教授提出一个请求。你们是哈佛的智力领袖，当你们雇用新的老师、授予终身教职、评估课程、决定学位颁发标准的时候，请问你们自己如下的问题：

我们最优秀的人才是否在致力于解决我们最大的问题?

哈佛是否鼓励她的老师去研究解决世界上最严重的不平等？哈佛的学生是否从全球那些极端的贫穷中学到了什么……世界性的饥荒……清洁水资源的缺乏……无法上学的女童……死于非恶性疾病的儿童……哈佛的学生有没有从中学到东西？

那些世界上过着最优越生活的人们有没有从那些最困难的人们身上学到东西？

这些问题并非语言上的修辞，你必须用自己的行动来回答它们。（多么撼动人心，而且是用不断提问的方法来让你感到震撼。）

我的母亲在我被哈佛大学录取的那一天，曾经感到非常骄傲，她从没有停止督促我去为他人做更多的事情。在我结婚的前几天，她主持了一个新娘进我家的仪式。在这个仪式上，她高声朗读了一封关于婚姻的信，这是她写给美琳达的。那时，我的母亲已经因为癌症病入膏肓，但她还是认为这是又一次传播她的信念的机会。在那封信的结尾，她写道："对于那些接受了许多帮助的人们，他们还在期待更多的帮助。"

想一想吧，我们在这个院子里的这些人被给予过什么？天赋、特权、机遇……那么可以这样说，全世界的人们几乎有无限的权利期待我们做出贡献。

同这个时代的期望一样，我也要向今天各位毕业的同学提出一个忠告：你们要选择一个问题、一个复杂的问题、一个有关于人类深刻的不平等的问题，然后你们要变成这个问题的专家。如果你们能够使得这个问题成为你们职业的核心，那么你们就会非常杰出。但是，你们不必一定要去做那些大事。每个星期只用几个小时，你就可以通过互联网得到信息，找到志同道合的朋友，发现困难所在，找到解决它们的途径。

不要让这个世界的复杂性阻碍你前进，要成为一个行动主义者，将解决人类的不平等视为己任，它将成为你生命中最重要的经历之一。

在座的各位毕业的同学，你们所处的时代是一个神奇的时代。当你们离开哈佛的时候，你们拥有的技术，是我们那一届学生所没有的。你们已经了解到了世界上的不平等，我们那时还不知道这些。有了这样的了解之后，要是你们再弃那些你们可以帮助的人们于不顾，就将受到良心的谴责，只需一点小小的努力，你们就可以改变那些人们的生活。你们比我们拥有更大的能力，你们必须尽早开始，尽可能长时期坚持下去。

知道了你们所知道的一切，你们怎么可能不采取行动呢？（他在不断地要求听众行动，这不就是我前面教过你们的吗？一流的演说家不要别人鼓掌，不要别人记笔记，而是要别人行动。）

我希望，三十年后你们再回到哈佛，想起你们用自己的天赋和能力所做出的一切。我希望在那个时候你们用来评价自己的标准不仅仅是你们的专业成就，更包括你们为改变这个世界深刻的不平等所做出的努力以及你们如何善待那些远隔千山万水、与你们毫不相干的人们，你们与他们唯一的共同点就是同为人类。（结尾发人深省。）

2. 为何要跟名人学演说

这是在我商业领域中，听过的最经典的企业家演说。事实上，这不算是一篇商业演说，他是在拿自己的成就为社会弱势群体做呼吁、做担保。

美国总统都是激励大师，而作为企业的管理者也需要学会激励，这就是我们学习这些演说稿的原因。世界上任何成功的商业人士往往都懂得激励性演说的重要性，并且擅于演说。为什么我要展现美国总统和比尔·盖茨的演说稿呢？因为这些人物都非常优秀，并且他们的演说稿也是非常有说服力的，我只给大家讲世界一流的演说稿。从此，你学会演说的风范、技巧，你的企业也能够被你带到新的高峰。

赞助名单

特别赞助　黄志胜　梁少勇　向国春　林恩泽　杨伟健

邹　坤　杨建强　陈　楠　卓丽华

友情赞助　黄俊杰　胡　勇　苏顺华　姜立兵　李海明

李向群　陈俊杰　陈志勇　林长淼　魏运春

郑国智　范建川　黄　燕　曾　丽　秦　波

刘怀彪

深度研究　只做精品

品牌出版传播首选

“企业成长新视点”系列书架

互联网风暴来袭，新的商业模式随着互联网的浪潮孕育而生，传统的企业管理与运营模式正在接受一场全新的洗礼与挑战。

基于当前企业管理运营中存在的疑点、难点、痛点，中国财富出版社与北京金师起点文化传媒携手国内经营管理方面的前沿讲师、学者及业内专家，匠心打造了“企业成长新视点”系列书籍，并细分为资本运营、管理技能、市场营销、人力资源、生产管理、公司治理、创业之路、商业模式运营等多个选题出版方向。

“企业成长新视点”书架诚邀企业界、培训界及商界名流及专家学者合作，共同打造有料、有趣、有生命力的作品，惠及广大读者以及一线的经营管理者。